kurz & bündig

macht in kurzer Lesezeit
mit dem Wichtigsten vertraut.
Die einzelnen Bände dieser Serie bieten
Einblicke in die Themenkreise

Religion & Philosophie
Wirtschaft & Gesellschaft
Natur & Umwelt
Wissenschaft & Technik
Kunst & Kultur
Sprache & Literatur
Geschichte & Geographie

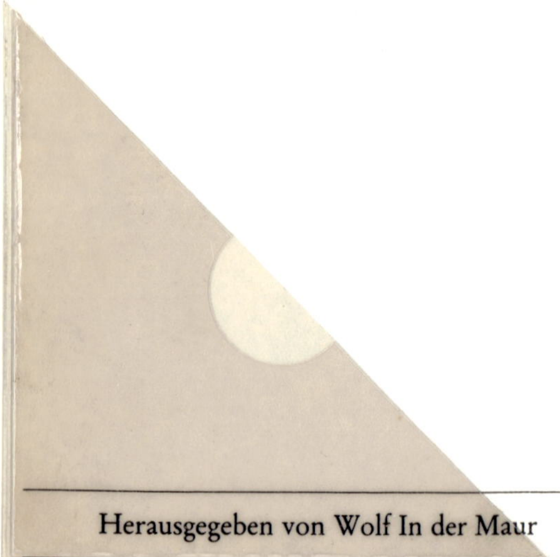

Herausgegeben von Wolf In der Maur

Inhalt

Vorwort des Herausgebers

Philosophie heißt „Liebe zur Weisheit". In ihr strebt der menschliche Geist nach Erkenntnis der letzten Zusammenhänge des Seins von Mensch und Natur. Ihre Geschichte ist zugleich eine der Emanzipation des Menschen von den „höheren Gewalten" der Natur und der Götter. So schuf sie auch die Grundlagen aller Natur- und Geisteswissenschaften und übte ihren mächtigen Einfluß auf Religionen, Dichtungen, Erziehungssysteme, politische Ideen und gesellschaftliche Konstrukte aus; daran hat sich bis heute nichts geändert, wiewohl die Philosophie beim Zeitgeist nicht in allerhöchstem Ansehen steht.

Die Quellen allen abendländischen Philosophierens und damit auch jene der Wissenschaften liegen in Hellas, dem antiken Griechenland.

Wer sich der Philosophie nähert, wird vom Staunen ergriffen, daß die antiken Philosophen im Grunde bereits alles wußten, was zu wissen wir heute glauben. Was sie nicht konnten, war auch „alles" zu machen. Doch sind sie die „Vordenker" unserer Zeit. Die antike Philosophie war bestimmt von einem „aufklärerischen Impetus", der „die Wirklichkeit" als ein durch Vernunft verstehbares Sein erkannte. Das läuft auf das Vorhandensein einer „Weltvernunft" hinaus, auf eine durch Vernunfteinsicht begründete Sittenlehre und die Gewißheit strenger Begriffe im vordem undurchschaubaren mythischen Walten.

Mit dem Untergang der Freiheit der griechischen

Staaten sprang das griechische Philosophieren auf die neue Weltmacht Rom über. Bald griffen immer neue Richtungen um sich, die schließlich im sogenannten Neuplatonismus gipfelten, in welchem auch ein starker Zug zum Mystischen wirkte. Am Ende vergeblich wandte sich diese letzte hellenistisch geprägte Weltanschauung gegen das aufkommende Christentum.

Die griechische Philosphie fand ihr – allerdings nur äußerliches – Ende 529 n. Chr.; da ließ Kaiser Justinian die athenische Philosophenschule schließen.

Die wirkende Geistesmacht war damit aber nicht an ihr Ende gelangt. In teils mehr, teils weniger erkennbarer Weise wirkte sie fort bis in die Philosophien unserer Tage, durchwirkt auch heute die Natur- und Geisteswissenschaften, die politischen Ideen und gesellschaftlichen Ideale. Eben weil sie der Urgrund unserer Kultur ist.

Das vorliegende Buch gibt einen leicht faßlichen Einblick in die Geschichte der griechischen Philosophie. Es ist eine für jedermann wertvolle Chronik der „Liebe zur Weisheit".

Wolf In der Maur

Der Ursprung der europäischen Philosophie

Die europäische Kultur- und Geistesgeschichte ist ein verwirrender Komplex. Der Betrachter erkennt wechselnde Stile und vielfältige Ausdrucksformen wie bei einem Bauwerk, an dem die Jahrhunderte und Epochen ihre unterschiedlichen Spuren hinterlassen haben. Annähernd 3 000 Jahre Kulturgeschichte bilden ein Labyrinth, in dem sich der moderne Europäer orientieren muß, wenn er wissen will, woher er kommt.

Was ist Philosophie?

Im antiken Griechenland begann das Laborexperiment, „wie weit und unter welchen Bedingungen der Mensch Kultur schaffen und erhalten kann" (H. D. F. *Kitto*). Die Griechen haben in allem Geistigen Grenzen erreicht – urteilt der große Kulturhistoriker Jacob *Burckhardt*, „hinter welchen die Menschheit nicht mehr zurückbleiben darf". Grenzen haben die Griechen erreicht und vor allem: den Anfang gemacht! Die Philosophie des Abendlandes hat ihren Ursprung bei den Griechen. Warum bei den Griechen und keinem anderen Volk des alten Europa? Weil die Griechen *staunen* konnten, antwortet der große griechische Denker *Platon:* „Denn es gibt keinen anderen Anfang der Philosophie als das Staunen." Als die Griechen staunen lernten, begann die geistige Geschichte Europas.

Wer staunt, stellt Fragen. Fragen ist das Königsrecht des Philosophen. Daher die naheliegenden Fragen: Was ist eigentlich Philosophie? Was sind Philosophen? Schlägt man in einem Lexikon oder Handbuch nach, so finden sich Definitionen wie die folgende:

„Die Philosophie hat die Aufgabe, die letzten Gründe des Erkennens und Seins wissenschaftlich zu untersuchen und alles Wirkliche in seinem Zusammenhang mit denselben zu begreifen." (E. Zeller)

Philosophie leistet Deutung der Welt, sie ist die Theorie dieser Deutung – reine Theorie. Das hat der Philosophie nicht nur den Vorwurf der Weltfremdheit und Praxisferne eingebracht, sondern auch die Fundamentalkritik eines Karl *Marx:* „Die Philosophen haben die Welt nur verschieden interpretiert, es kömmt darauf an, sie zu verändern" (XI. Feuerbachthese). Da aber Veränderung eine kritische Interpretation voraussetzt, bleiben wir zunächst bei unserer Definition.

Die frühen griechischen Denker hätten über sie *gestaunt* und sie *nicht* verstanden! Halten wir uns daher schlicht an die Worte „philosophia" und „philosophos". Ein „philos" ist ein Freund, Phil(h)ippos zum Beispiel ein Pferdefreund und der Philologe ein Freund des Wortes. Ein Philosophos ist ein Freund der „sophia", ein Freund von Wissen und Weisheit; „philosophia" wäre also die

Tätigkeit oder Betätigung eines solchen Freundes von Wissen und Weisheit ...

Lassen wir zur Verdeutlichung eine Anekdote sprechen: Vor 2 500 Jahren fragte ein griechischer Aristokrat seinen Gast: „Wer oder was ist ein Philosoph?“ Der so Befragte war ein Herr namens *Pythagoras,* der als Antwort eine einprägsame Geschichte von den Olympischen Spielen erzählte. Dort gebe es drei Arten von Besuchern: Die einen wollten gewinnen, die anderen Geschäfte machen, eine kleine Gruppe aber komme einzig, um zuzuschauen. Dies sei ein Gleichnis des menschlichen Lebens: Die einen strebten nach Ruhm und Ehre, die anderen nach Geld und Gut, einige wenige aber würden all dies verachten und sich einzig der Betrachtung der Welt widmen und deren Wesen zu ergründen suchen: Das seien die Philosophen.

Diese (zumindest gut erfundene) Anekdote hat uns der römische Politiker und Philosoph Marcus Tullius *Cicero* überliefert und in Zusammenhang mit ihr eine sehr praktische (wenn auch grobe) Einteilung der griechischen Philosophiegeschichte gegeben. Die frühen griechischen Denker hätten sich vornehmlich physikalischen und astronomischen Problemen gewidmet, mit *Sokrates* sei die große Wende zur Ethik erfolgt:

„Sokrates hat als erster die Philosophie vom Himmel herabgerufen, sie in den Städten angesiedelt, sie sogar in die Häuser hineingeführt und gezwungen, über das Leben, die Sitten und Gut und Böse nachzudenken.“

Wir unterteilen mit *Cicero* die griechische Philosophiegeschichte in eine *vorsokratische* und eine *nachsokratische Epoche.*

Der Mythos als vor-philosophische Welterklärung

Die Denkansätze und Denkanstöße der vorsokratischen Philosophen stellen die ersten Versuche einer wissenschaftlichen Theoriebildung in Europa dar. Was wird mit den Vorsokratikern anders, was ist so neu an ihrem Denken?

Mit den Vorsokratikern vollzieht sich der Schritt vom Mythos zum Logos: ein revolutionärer Schritt! Der europäische Geist tritt aus seinem Kindheitsstadium heraus. Was hat man sich unter mythischem Denken vorzustellen, was ist Mythos überhaupt? Das Wort bedeutet im Griechischen ursprünglich „Wort, Rede, Gedanke“, dann auch „Geschichte, Sage“. Wir definieren Mythos knapp als eine (heilige oder religiöse) Erzählung über Götter und Menschen. In derartigen Erzählungen werden die ersten Antworten überliefert, die sich die Menschheit auf ihr erstauntes oder erschrecktes Fragen nach dem Warum der Dinge gab.

Betrachten wir dies an Beispielen! Ein Blitz zuckt: Was ist das? Warum blitzt es, was hat dies zu bedeuten? – Es regnet: Warum? – Die Erde bebt: Warum? Die jeweilige Frage wird aus einem existentiellen Bezug heraus gestellt. Der Fragende hat kein wertneutrales Interesse am Phänomen Blitz, Regen usw., sondern fragt aus einem emotionalen und affektiven Grund. Der Mythos gibt auf das erste staunende Fragen des Menschen eine raunende Antwort; er repräsentiert gewissermaßen das Kindheitsdenken der Menschheit und liefert eine religiöse, vor-wissenschaftliche (zeitlich zu verstehen!) Welterklärung. Für die alten Griechen waren die Epiker *Homer* und *Hesiod* die bedeutendsten Vertreter mythischer Welterklärung. Homer und Hesiod (8. bzw. 7. Jh. v. Chr.) gaben den Griechen ihre Götter, bemerkt *Herodot*, der Vater der Geschichtsschreibung. Aus ihren Dichtungen sind die folgenden Beispiele gewählt, bei denen es uns nicht um poetische Gestaltung und Schönheit zu tun ist, sondern um die Art und Weise, wie Naturphänomene geschildert werden.

1. Beispiel:

„Eos aber erhob sich von ihrem Lager bei dem erlauchten Tithonos, damit sie den Unsterblichen und den Sterblichen das Licht bringe" (Homer: „Odyssee", 5. Gesang).

Um deutlich zu machen, was mythisches von heutigem Denken unterscheidet, verwandeln wir die epischen Verse in platte moderne Prosa und lesen: „5 Uhr morgens" oder „Es tagte" oder „Im Morgengrauen". In mythischer Denk- und Erzählweise ist es eine Göttin, die sich erhebt, Eos, die ihre rosenfarbigen Finger zeigt, wie es so schön bei Homer heißt.

2. Beispiel:

„Doch wir bestiegen die Schiffe und ruderten davon.

Die aber fuhren gar schnell dahin, und es glättete ein Gott die gewaltige See" („Odyssee", 3. Gesang).

In einer modernen Erzählung würde das zweite Beispiel etwa lauten: „Ruhige Überfahrt" oder „Bei anhaltendem Hoch ...".

3. Beispiel:

Wenn Homer seinen Helden Odysseus in einen Orkan geraten läßt, klingt das folgendermaßen: *„Da wühlte Poseidon das Meer auf, mit den Händen den Dreizack fassend, und erregte alle Wirbel von allfachen Winden und verhüllte mit Wolken Land und Meer ..." („Odyssee", 5. Gesang).*

Betrachten wir nochmals diese Beispiele: Eos erhebt sich (es tagt) - ein Gott glättet die Wogen (ruhige See) - Poseidon wühlt das Meer auf (Sturm). Wie wird das Naturgeschehen jeweils gesehen? Mythisches Denken erkennt im Naturgeschehen ein göttliches Handeln; das Eingreifen der Gottheit verändert die uns umgebende Wirklichkeit. Was für den modernen Menschen schlichtweg Naturerscheinungen sind, verknüpft mythisches Denken mit dem Auftreten göttlicher Mächte: Geschehendes wird personifiziert. Dabei werden menschliche Vorstellungen auf die Götter übertragen, auf sie projiziert. Götter handeln wie Menschen, sie handeln anthropomorph.

Vor-wissenschaftliches Denken im Mythos bleibt nicht auf die Erklärung einzelner Phänomene beschränkt. Es versucht auch die Fülle der Erscheinungen auf einen Nenner zu bringen, eine Einheit in der Vielheit zu finden. Das Beispiel hierfür entnehmen wir (gekürzt!) einem Lehrgedicht des

Hesiod. Er schildert die Entstehung der Welt, die sogenannte Kosmogonie, als eine Geschichte der Göttersippe. Weltentstehung ist also Genealogie der Götter. In der Götterfamilie konstituiert sich die Einheit der Wirklichkeit:

„Zuerst entstand das Chaos, aber danach die breitbrüstige Gaia (Erde) und Eros. Aus dem Chaos entstanden Erebos (Dunkel) und die schwarze Nacht. Die Nacht gebar, nachdem sie sich mit Erebos in Liebe vereinigt hatte, Äther und Tag. Gaia aber gebar zuerst den gestirnten Uranos (Himmel), damit er sie überall umhülle ... Aber danach, bei Uranos gelagert, gebar sie den tiefwirbelnden Okeanos, Koios und Krios und ..." („Theogonie", 116 ff.)

Eng verbunden mit diesem Weltentstehungsmythos ist das vorwissenschaftliche Weltbild, das die Erde als eine vom Okeanos umflossene Scheibe denkt, über die sich der Himmel wie eine Käseglocke wölbt. Die Unterwelt bildet – wie ihr Name schon sagt – ein Geschoß unter der Erdscheibe. Das „dreistöckige" Weltbild im Mythos von *Unterwelt, Erde* und *Himmel* behält in der Antike neben dem jeweiligen wissenschaftlichen Weltbild seine Gültigkeit. Noch das christliche Glaubensbekenntnis (Apostolicum) belegt seine Geltung: „... aufgefahren in den Himmel, niedergefahren zur Hölle ...".

Vergessen wir (ach, so aufgeklärten!) modernen Menschen aber nicht, daß auch im 20. Jahrhundert mythisches Denken und Reden fortbesteht. Noch immer sagen wir: „Die Sonne geht auf" – „Die Sonne versinkt hinter den Bergen im Meer" –

„Die Sonne lacht". Für unsere Kinder geht die Sonne noch immer „schlafen" – ganz wie Gott Helios im Mythos der alten Griechen.

Die Philosophie erforscht seit den Vorsokratikern die grundlegenden Fragen nach Welt und Menschsein. Eine vorwissenschaftliche und vor-philosophische Welterklärung findet sich dagegen im Mythos. In ihm wird Naturgeschehen als Wirken personifizierter göttlicher Mächte gedeutet und die Weltentstehung als Genealogie der Götter beschrieben.

Revolution des Denkens – die Naturphilosophen

Das Auftreten der ersten griechischen Philosophen bedeutet gegenüber der Epoche des mythischen Denkens eine gewaltige Zäsur. Der Bruch mit den religiösen und mythischen Denkformen war radikal und revolutionär. Ein Beispiel für die massive Kritik an den mythischen Erzählern Homer und Hesiod ist Xenophanes (6. Jh. v. Chr.): „Jede Schandtat und Unmoral haben Homer und Hesiod den Göttern angehängt: Stehlen, Ehebruch und gegenseitigen Betrug …"

Im kleinasiatischen *Milet* entstand das erste Zentrum der griechischen Philosophie, d. h. nicht in irgendeinem Krähwinkel der Antike, sondern in einer führenden Metropole der griechischen Kolonisationsepoche (8.–5. Jh. v. Chr.). 80 Pflanzstädte soll Milet gegründet haben, darunter auch Städte auf der Krim und in Ägypten. Milet stand im Austausch mit fremden Kulturen, besonders mit den orientalischen Hochkulturen. Mathematische, nautische, astronomische, geographische und technische Kenntnisse flossen hier zusammen, hier entstanden auch die frühen Formen der griechischen Geographie und Historie. Der berühmte Architekt *Hippodamos,* dem wir den rechtwinkeligen Stadtplanungsraster verdanken, entstammte dem Milet des 5. vorchristlichen Jahrhunderts. Drei Bürger von Milet waren es, die der europäischen Philosophie und Wissenschaft erste fruchtbare Anstöße gaben: *Thales, Anaximander* und *Anaximenes,* die gewöhnlich zur Schule der *milesischen Naturphilosophen* zusammengefaßt werden.

Thales – das Urprinzip Wasser

Sprüche und Anekdoten umranken das Bild des ersten Philosophen Europas. Zu den „Sieben Weisen" rechneten ihn die Alten, in den Schulbüchern werden noch heute seine Sentenzen zitiert („Halte Maß!"). Wer war er wirklich? Die überlieferten Anekdoten lassen offen, ob *Thales* ein genialer Praktiker oder ein verschrobener Kauz und Sonderling gewesen ist. Sie berichten genauso von einem genialen politischen Einfall wie von einem tölpelhaften Reinfall. Der in den Brunnen gefallene Sterngucker Thales läßt alle Kritiker der Theorie noch heute schmunzeln. Offenbar repräsentiert schon der erste europäische Philosoph die beiden Spielarten des weltläufigen und weltfremden Denkers, an denen die Philosophiegeschichte so reich ist. (Man denke nur an den gewandten Hofmann *Leibniz* und den Exzentriker *Schopenhauer!).*

Historisch sicher an der Biographie von Thales scheint einzig der *28. Mai 585 vor Christus* – das Epochedatum der europäischen Wissenschaft. Thales soll für dieses Datum eine Sonnenfinsternis vorausgesagt haben. Historizität kann wohl auch die Ägyptenreise des Thales beanspruchen, denn seine Vaterstadt Milet unterhielt in Ägypten einen Handelsstützpunkt. Außerdem beziehen sich mathematische und physikalische Überlegungen des Thales auf Ägypten. Die Geschichte der Mathematik weiß zu berichten, daß Thales die Höhe der Pyramiden dadurch bestimmt hat, daß er den Pyramidenschatten in Beziehung zur Schattenlänge des Beobachters setzte. Nach analoger mathematischer Überlegung konstruierte Thales auch einen Distanzmesser, mit dessen Hilfe man zu Milet die Entfernung anlaufender Schiffe berechnete. Bleibende Berühmtheit in den Annalen der Mathematik fand der sogenannte Thales-Satz von der Rechtwinkeligkeit eines Dreiecks, das in einen Halbkreis einbeschrieben ist.

Auch zu naturkundlichen Beobachtungen wurde Thales in Ägypten angeregt. Die Antike sieht ihn als den ersten Wissenschaftler, der eine rationale Erklärung der sogenannten Nilschwelle, d. h. der alljährlichen Nilüberschwemmungen, versuchte. Offenbar hatte Thales beobachtet, daß kurz vor der Überschwemmung starke Nordostwinde (die sogenannten Etesien) wehten. Diese Beobachtung brachte er mit der Überflutung der Niloase in ursächliche Verbindung. Nach seiner Theorie bewirken die Winde eine Stauung des Flusses, die ihn über die Ufer treten lasse. Thales' Erklärung ist nicht stimmig, richtig aber ist, daß die Passatwinde am Phänomen der Nilschwelle beteiligt sind, da sie im Quellgebiet des Nils zu Niederschlägen führen. Mehr noch: Im wissenschaftlichen Ansatz des Thales liegt der eigentliche Fortschritt – nicht in seinem (falschen!) Ergebnis. Denn Thales verzichtete auf eine mythische Erklärung (etwa: Ein Gott hält mit starker Hand den Fluß auf ...) und verknüpfte beobachtete Phänomene zu einer plausiblen Erklärung. Das Prinzip „Ursache – Wirkung" bestimmte seine wissenschaftliche Hypothese. Während sich mythische Erklärungen prinzipiell einer weiteren Kritik entziehen, stellt sich die wissenschaftlich-argumentative Theorie rationaler Überprüfung und Kritik.

Eine ähnlich rationale Methode finden wir auch bei der Erdbebentheorie des Thales. Er ging davon aus, daß die Erde vom Wasser getragen werde. Wenn die Menschen meinten, die Erde bebe, so schwanke sie wie ein Schiff auf See. Wieder können wir feststellen, daß Thales auf eine mythische Ausdeutung verzichtete. Es ist nicht der Erderschütterer Poseidon, der mit seinem Dreizack die Erde zum Beben bringt. Thales zielte auf eine natürliche Erklärung, kein göttliches Handeln muß das unerklärliche Phänomen begreiflich machen. Mag diese frühe Erklärung dem modernen Menschen auch lächerlich und primitiv erscheinen, so ist sie doch – obwohl von falschen Voraussetzungen ausgehend – konsequent gedacht. Die Gottheit ist jedenfalls bei Thales nicht länger Hilfsgröße des Denkens!

Nach den verschiedenen Wasser-Theorien des Thales (eine saloppe Philosophiegeschichte spricht vom „Wasserapostel“) wird es nicht verwundern, daß *Wasser* die Weltformel des Thales wurde: Aus Wasser entsteht alles, und aus Wasser besteht alles. Eine umfassende Welterklärung! Sie ist es, die Thales erst eigentlich zum Naturphilosophen macht. Sein Fragen gilt nicht allein den Einzeldingen und ihrer Erklärung, sondern dem umfassenden Prinzip, der letzten Einheit der Wirklichkeit. Formulieren wir es etwas philosophischer, als es die Vorsokratiker vermocht hätten: Thales fragte nach dem Grundprinzip des Seienden. Das Wort „Prinzip“ heißt im Griechischen der milesischen Naturphilosophen „arché“. *Thales, Anaximander* und *Anaximenes* verstanden darunter zweierlei:

1. „Arché“ ist Urprinzip und Uranfang, von hier nimmt alles Sein in der Welt seinen Ausgang. Vorsokratisches Denken versucht sich also an einer wissenschaftlichen Theorie von der Entstehung der Welt (Kosmologie oder Kosmogenese) – ohne Zuhilfenahme mythischer Mächte.
2. „Arché“ ist das Urelement, das allen Vorgängen in der Welt zugrunde liegt.

Thales von Milet identifizierte dieses Urelement mit dem Wasser. Friedrich *Nietzsche* merkt dazu an: „Die griechische Philosophie scheint mit einem ungereimten Einfalle zu beginnen, mit dem Satz, daß das Wasser der Ursprung und der Mutterschoß aller Dinge sei. Ist es wirklich nötig, hierbei stille zu stehen und ernst zu bleiben? Ja, und aus drei Gründen: erstens, weil der Satz etwas vom Ursprung der Dinge aussagt; zweitens, weil er dies ohne Bild und Fabelei tut; und endlich drittens, weil in ihm, wenngleich nur im Zustande der Verpuppung, der Gedanke enthalten ist: ‚alles ist eins'."

Die Erklärung der Wirklichkeit aus einer einzigen Ursache nennt die Philosophiegeschichte *Monismus.* Thales vertrat allerdings keinen materialistischen Monismus wie z. B. der spätere Atomphilosoph *Demokrit,* sondern er maß seinem Urelement Wasser das Attribut des Göttlichen bei. Offenbar wollte er damit die erstaunliche Wandlungs- und Wirkungsmöglichkeit des Prinzips deutlich machen. Insofern könnte man von einem „Hylozoismus" sprechen, d. h. einer Belebtheit oder Beseeltheit („zoé") der Materie („hýle"). Trifft es zu, daß man Thales den Satz zuschreiben kann, alles sei voll von Göttern, so rückt er damit in die Nähe einer pantheistischen Weltauffassung, wie wir sie später bei den *Stoikern* und im 17./18. Jahrhundert bei *Spinoza* und *Goethe* wiederfinden.

Anaximander – das Urprinzip Grenzenloses

Anaximander war eine Generation jünger als Thales und nach Auffassung der Antike sein Schüler. Unter den milesischen Naturphilosophen war er der originellste Kopf. Auch als Schöpfer der griechischen Prosa kann er gelten, war er doch der erste, der eine Schrift in (ionischer) Prosa verfaßte. Es scheint kein Zufall zu sein, daß nur wenig Legendenhaftes über ihn verlautet. In Anaximander erstand ein erster streng philosophischer Geist. Wie die meisten frühgriechischen Denker verband er Theorie und Praxis.

Im politischen Leben von *Milet* spielte er eine bedeutende Rolle. Das belegt der Bericht, er habe die Stadtgründung von Apollonia am Pontos (dem heutigen Sizeboli in Bulgarien) geleitet. Seine Mitbürger errichteten ihm nach seinem Tod ein Denkmal, ein Beweis der Achtung und Verehrung, die er in seiner Polis (Stadt) genoß.

Zu den praktischen Kenntnissen, die ihm die griechische Wissenschaft verdankte, gehörte die Einführung der Sonnenuhr („gnomon"). Damit begann die Tradition antiker Sonnenuhren, die in der monumentalen Uhr- und Kalenderanlage des Kaisers *Augustus* auf dem römischen Marsfeld gipfelte, deren Gnomon (Uhrzeiger) aus einem 30 m hohen ägyptischen Obelisken bestand. Zu den besonderen technischen Leistungen des Anaximander gehören auch eine Erdkarte und die Verfertigung eines Himmelsglobus. Vom *geozentrischen Weltbild* des Milesiers gewinnen wir aus der Überlieferung eine ungefähre Vorstellung:

„Anaximander lehrt, daß die Erde schwebt und im Mittelpunkt unserer Welt (kosmos) liegt. – Ihrer Gestalt nach sei die Erde zylinderförmig und einer Säulentrommel ähnlich; ihre Höhe sei etwa der dritte Teil ihrer Breite."

Um die zylinderförmige Erde liegen nach Anaximander die einzelnen Sphären der Gestirne. Er dachte sich darunter radähnliche Luftverdichtungen, die mit Feuer gefüllt sind. Die Reihenfolge der einzelnen Sphären (Fixsterne, Mond, Sonne) setzte er mechanistisch-spekulativ fest, nämlich in Abständen von 9, 18 und 27 Erddurchmessern.

Wesentlich an der Kosmos-Konstruktion des Anaximander ist sein Begriff des *einen* Kosmos, der eine planvolle Struktur erkennen läßt. Einen chaotischen Kosmos hätte der Grieche Anaximander wohl auch nicht denken können, bedeutet doch das griechische Wort „kósmos" Ordnung und Schönheit. Daß sich die Schönheit der Welt in einer mathematischen Struktur (9, 18, 27) ausdrücken läßt, ist ebenfalls sehr griechisch gedacht. Man vergleiche nur die Leistungen griechischer Baukunst, und denke an die Harmonie und die Proportionen ihrer Tempel!

Der kühnste Gedanke im spekulativen Weltbild des Anaximander ist aber die Hypothese, daß die Erde im Zentrum des Kosmos im Gleichgewicht verharre. Ein für damaliges Denken unfaßbarer Schritt! (Anaximanders Nachfolger *Anaximenes* wagte es daher auch nicht, dieser Theorie zu folgen. Wie Thales meinte er, die Erde müsse von irgend etwas *getragen* werden, und nahm dazu sein Urelement Luft zur Hilfe.) Kühn wie sein Weltentwurf ist auch Anaximanders Urprinzip gedacht. Alle Deutungen, die sich auf der Erfahrung (Empirie) gründeten, ließ er hinter sich: „Ursprung und Urgrund der seienden Dinge – hat er gesagt –

ist das Grenzenlos-Unbestimmbare (das ‚ápeiron‘).“ Offenbar hielt Anaximander an der Theorie des *Thales* für ungenügend, daß aus einem bestimmten Element, nämlich Wasser, qualitativ völlig verschiedene Stoffe, wie z. B. Feuer, entstehen sollten. Ein weiteres Problem stellte sich ihm: Würde nicht ein permanenter Prozeß von Werden und Vergehen eines Tages das Urelement aufbrauchen? Also mußte das Urelement in seiner quantitativen und qualitativen Hinsicht als unendlich und unbeschränkt gedacht werden. Damit verläßt Anaximander die Welt der Erfahrung und setzt ein abstraktes, ein metaphysisches Prinzip an. Sein „ápeiron“, das *Grenzenlos-Unbestimmbare*, ist sinnlicher Wahrnehmung nicht zugänglich, verschließt sich der Anschauung, kann vielmehr einzig im Denken erfaßt werden. Damit war der Schritt zur *Metaphysik* vollzogen.

Die Entstehung des Kosmos aus seinem abstrakten Urprinzip beschreibt Anaximander als einen Prozeß der Ausscheidung: „Aus dem Einen sondern sich die in ihm enthaltenen Gegensätze aus“, d. h. die Gegensätze warm – kalt, trocken – feucht, aus denen sich die vier Elemente *Erde, Wasser, Luft* und *Feuer* bilden. Vom Prozeß des Werdens und Vergehens spricht der Philosoph in eindrucksvoll dunklen Worten:

„Woraus aber das Werden der seienden Dinge ist, in das hinein geschieht auch ihr Vergehen nach der Schuldigkeit (oder: Notwendigkeit); denn sie zahlen einander gerechte Strafe und Buße für ihre Ungerechtigkeit nach der Anordnung der Zeit.“

Der vielgedeutete und umstrittene Satz scheint anzudeuten, daß ein jedes Werden im Kosmos eine Art Schuldigwerden an dem ist, das vergehen muß. Der Verlauf von Werden und Vergehen stellt somit eine Wiederherstellung des Rechts und eine Tilgung von Unrecht dar. Vielleicht kann darin ein erstes Kausalitätsdenken erblickt werden, das in Vorstellungen der damaligen Rechtssprache seinen Ausdruck gefunden hat.

In den Gesamtprozeß der Kosmogenese hat Anaximander auch die Entwicklung der Lebewesen mit einem phantastisch-kühnen Gedanken einbezogen:

„Im Feuchten seien die ersten Lebewesen entstanden ... ursprünglich sei der Mensch aus andersgestalteten Lebewesen hervorgegangen."

Wir heutigen, nach *Darwin* geborenen Menschen vermeinen hier eine Ahnung der Evolutionstheorie aufblitzen zu sehen.

Insgesamt zeigt sich Anaximander als ein geistiger Pionier, dessen Denken in Weiten vorstieß, die seiner Zeit sonst verschlossen bleiben mußten. Kein Wunder, daß ihm sein Schüler *Anaximenes* philosophisch nicht folgen konnte.

Anaximenes – das Urprinzip Luft

Anaximenes gab das qualitativ unbestimmte Urprinzip seines Vorgängers wieder auf. Seine

Gründe waren durchaus einleuchtend, gab doch der Ansatz des *Anaximander* keine befriedigende Antwort auf die Frage, wie aus dem qualitativ *unbestimmten* „ápeiron" etwas qualitativ *Bestimmtes* hervorgehen könne. Daher kehrte Anaximenes zu einer konkreten Bestimmung des Urprinzips zurück und erklärte die *Luft* dazu. Luft, befand Anaximenes, sei auch das Substrat, das die Erde trage. Den genialen Gedanken *Anaximanders*, daß die Erde inmitten des Kosmos in einem Schwebezustand verharre, verwarf also der dritte Milesier. Bei naturphilosophischen Verbesserungen im einzelnen (so erkannte Anaximenes, daß die Distanz Erde – Fixsterne größer als die zu Mond und Sonne sei; außerdem behauptete er, daß der Mond lediglich das Licht der Sonne reflektiere) bedeutet seine Sicht des Kosmos einen Rückschritt: Anaximenes gab die kreisförmige Bewegung der Sterne auf. Seine Erklärung für den Prozeß des Werdens in der Welt war allerdings wesentlich plausibler als die seiner Vorgänger. Anaximenes vertrat die Hypothese, alles Sein entstünde aus *Verdünnung* und *Verdichtung*, d. h. aus den verschiedenen Aggregatzuständen der Luft. Diese Annahme hatte eine epochale Bedeutung, besagt sie doch nicht mehr und nicht weniger, als daß qualitative Unterschiede auf quantitative Unterschiede zurückzuführen sind. Scheinbare Wesensunterschiede der Stoffe basieren also lediglich auf der unterschiedlichen Dichte der Materie.

Auch auf die *Seele* („psyché") des Menschen

wandte Anaximenes sein Urprinzip Luft an und deutete sie als eine Art von Hauch. Zukunftsweisend war seine These von einer Entsprechung (Analogie) zwischen Mensch und Kosmos: „Wie unsere Seele, die Luft ist, uns regiert, so umfaßt auch den ganzen Kosmos Hauch und Luft." Dieser Satz, als Verhältnisgleichung formuliert, ergibt: Mensch : Seele = Kosmos : Luft. Da Anaximenes die Luft als göttlich dachte, wurde er mit seiner Analogie ein Vorläufer späterer Theorien vom Weltgeist, wie sie z. B. im Pantheismus der Stoa vertreten wurden.

Die Ouvertüre zur europäischen Philosophie besteht in der Frage nach dem Prinzip des Seins. Die Philosophen von Milet stellten diese Frage in doppelter Hinsicht. Sie fragten nach dem zeitlichen Anfang der Welt und nach ihrem dauernden und bleibenden Grund, kurz: nach Uranfang und Urelement. Auf die faszinierende Frage: „Warum ist, was ist?" gaben sie unterschiedliche Antworten. Prinzip des Seins ist nach Thales das Wasser, nach Anaximander das Grenzenlos-Unbestimmte („ápeiron"), nach Anaximenes die Luft.

Faszination der Zahl – die Pythagoreer

„Die Sonne tönt nach alter Weise
in Brudersphären Wettgesang
und ihre vorgeschriebne Reise
vollendet sie mit Donnergang.
Ihr Anblick gibt den Engeln Stärke,
wenn keiner sie ergründen mag;
die unbegreiflich hohen Werke
sind herrlich wie am ersten Tag“
(Goethe: „Faust“, 1. Teil)

Der Prolog im Himmel aus *Goethes* „Faust“ preist voll Pathos das Weltall mit seiner Sphärenharmonie. Goethes Sphärenharmonie ist pythagoreischen Ursprungs! Pythagoreischen Hintergrund hat auch ein anderes bekanntes Gedicht der deutschen Klassik:

„Zu Dionys, dem Tyrannen, schlich
Damon, den Dolch im Gewande ...“

Das hohe Lied der Freundestreue in Schillers „Bürgschaft“ ist pythagoreisch!

Pythagoreisch sind ferner – etwas plakativ – die Seelenwanderungstheorie, verschiedene Diätvorschriften, der mathematische Satz $a^2 + b^2 = c^2$, Geheimbündelei und „kommunistische“ Lebensformen, die Anfänge der Musiktheorie, die Anfänge des heliozentrischen Weltbilds, medizinische Leistungen und Anfänge der Anatomie und – last but not least – politische Aktivitäten.

Der Orden der Pythagoreer

Pythagoras und seine Schule sind der zweite Ausgangspunkt der griechischen Philosophie. Ausgangspunkt ist dabei wörtlich zu verstehen: nach dem Osten der Westen. Neben die Anfänge im ionischen Kleinasien tritt nun die Philosophie in der sogenannten *Magna Graecia*, in Großgriechenland, d. h. in den von den Griechen kolonisierten Teilen Süditaliens und Siziliens. Pythagoras hatte nach vorausgegangenen Fahrten, die ihn nach Ägypten und Babylonien geführt haben sollen, um 530 vor Christus seine Heimat Samos in der Ägäis verlassen. Wahrscheinlich hatten ihn politische Differenzen mit dem Tyrannen *Polykrates* dazu bewegt. Im süditalienischen *Kroton* gründete er eine philosophische Lebensgemeinschaft, eine Art religiös-politischen Orden von Männern und Frauen, der von einer philosophischen Geheimlehre seine Prägung empfing.

Die Wirkung des Pythagoras im westlichen Teil des antiken Griechentums muß so ähnlich wie die so mancher Gurus und Pseudo-Erlöser in der heutigen westlichen Welt gewesen sein. Tausende enthusiastischer Hörer strömten ihm zu; trotz strenger Aufnahmebedingungen wuchs der Orden der Pythagoreer schnell zu einer politischen Macht heran. Wer Mitglied werden wollte, mußte eine Probezeit von 5 Jahren absolvieren. Erst dann war es ihm erlaubt, Meister Pythagoras selbst zu hören und in der (klösterlichen) Gemeinschaft volle Aufnahme zu finden. Versuchen wir ein Szenario des Gemeinschaftslebens der Pythagoreer anhand ihres *Tagesablaufs:*

Tagesbeginn: Aufstehen, Singen vorgeschriebener Hymnen
Morgenspaziergang: Zurüstung der Seele bei einem einsamen Spaziergang
Gemeinschaftsstunde: Versammlung der Pythagoreer zu Lehrvortrag und Lernübungen
Leibesübungen
Imbiß: Brot mit Honig (kein Wein!)
Politische Stunde: Besprechung aktueller öffentlicher Angelegenheiten
Spaziergang: Vertiefung des morgendlichen Lehrstoffes
Bad
Gemeinschaftsmahl: Tischgemeinschaften mit jeweils 10 Personen (Dauer bis Sonnenuntergang)
Trankopfer
Lesung (Stoffauswahl durch den Ältesten)
Trankopfer und Abendgebet
Gang nach Hause
Tagesende: „Die Pythagoreer reinigten ihr Denken vom verwirrenden Nachhall des Tages durch bestimmte Gesänge und eigentümliche Melodien …“

Der Charakter einer *religiösen Gemeinschaft* dürfte damit deutlich geworden sein; die Parallelen zu späteren, ja heutigen Ordensgemeinschaften und Bewegungen (Freimaurer, Jugendbewegung) sind augenfällig.

Die Zahl – das Wesen der Dinge

Nach einer kurzen Einführung in die pythagoreische Lebens- und Lehrgemeinschaft stoßen wir vor zum Kern ihrer Philosophie: Die *Zahl* ist das Wesen der Dinge. Seit den Pythagoreern ist es zu einer Selbstverständlichkeit geworden, daß Zahlen die Welt beherrschen, ja, Zahlen die Welt sind! Von ihren Entdeckungen auf dem Gebiet der Zahlen waren die Pythagoreer derart fasziniert, daß sie in allem Zahlenverhältnisse zu entdecken meinten – in der Musiktheorie, in der Physik (Kosmologie) und sogar in der Ethik.

Eine Legende erzählt, daß Pythagoras eines Tages an einer Schmiede vorbeiging und harmonische Intervalle aus dem Hämmern heraushörte. Vom Amboß also zu Oktav, Quint und Quart: die Anfänge der Akustik und der Musiktheorie waren gelegt! In der Tat, eine wunderliche Schmiede! Tatsache ist, daß die Pythagoreer ihre bahnbrechenden Entdeckungen in der Musiktheorie *experimentell* machten. Sie experimentierten mit einer gespannten Saite, dem Monochord. (Damit war wohl auch eines der ersten naturwissenschaftlichen Versuchsgeräte gefunden!)

Um den Experimentalunterricht etwas abzukürzen: Der Ton der halbierten Saite ist um eine Oktav höher, bei 2/3 Saitenlänge erklingt die Quint und bei 3/4 Saitenlänge die Quart.

Natürlich waren Oktav, Quint und Quart in der musikalischen Praxis längst bekannt. Was Pythagoras auffiel, war der Zusammenhang zwischen musikalischen Intervallen und arithmetischen *Verhältnissen* (1:2/2:3/3:4). Daß an diesen Proportionen die ersten vier natürlichen Zahlen beteiligt waren, befriedigte die spekulative Erwartung der Pythagoreer ganz besonders. Der Vierzahl („tetraktýs") maßen sie eine hervorragende Rolle bei.

Die gefundenen Zahlenproportionen wurden von den Jüngern des Pythagoras buchstäblich auf alles, also auch auf das All, angewandt! Der gesamten Wirklichkeit des Kosmos liegen, so behaupteten sie, Zahlenproportionen zugrunde. Zahlen seien Prinzip und Gesetzmäßigkeit des Weltalls. Damit schufen die Pythagoreer auf spekulativem Wege eine Grundlage des europäischen naturwissenschaftlichen Denkens: die Interpretation der physikalischen Wirklichkeit in mathematischen Kategorien.

Ihre mathematisch-arithmetische „Schreibweise" erprobten die Pythagoreer vor allem in der *Geometrie.* Sie analysierten die arithmetische Natur der geometrischen Figuren, so z. B. jene berühmte Relation im rechtwinkeligen Dreieck, die noch heute den Namen des Pythagoras trägt: $a^2+b^2=c^2$.

Besonders liebten sie die Darstellung mittels der sogenannten pythagoreischen Zahlen 3, 4, 5 als $3^2+4^2=5^2$. Als Pythagoras entdeckte, daß die Summe der Kathetenquadrate dem Hypotenusenquadrat gleicht, hat er vor Freude den Göttern eine Hekatombe, ein Hundertopfer, dargebracht. Moderne Mathematiker haben diesen Brauch aufgegeben. Wenn sie ihren Schülern den Satz des Pythagoras nahegebracht haben, lassen sie Klassenarbeiten schreiben: Auch hierbei werden Opfer gebracht!

Sphärenharmonie – kosmische Mathematik und Musik

Die Pythagoreer vereinigten ihre musiktheoretischen Erkenntnisse mit dem überlieferten astronomischen Wissen zur Theorie der *Sphärenharmonie.* Die Annahme eines Zahlencharakters des Seins wurde also auf den gesamten Kosmos ausgeweitet, die Analogie der Siebenzahl der Planeten und der Siebenzahl der Töne der Oktav schien dieser Spekulation Plausibilität zu verleihen. Die Kosmosbetrachtung der Pythagoreer enthielt aber auch eine wegweisende Annahme: Die Erde ist nicht das Zentrum des Alls (geozentrisches Weltbild), sondern ein Planet neben anderen. Im Mittelpunkt des Kosmos befindet sich das Zentralfeuer als „Herd des Weltganzen". Zehn Sphären kreisen nach pythagoreischer Theorie um dieses Weltfeuer, die Fixsternensphäre, die Sphären der sieben Planeten und je eine Sphäre für Erde und Gegenerde. Die Gegenerde, von unserer Erde aus unsichtbar, nahmen die Pythagoreer aus dogmatischen Gründen an. Da nach ihrem Glauben allein die Quersumme der „heiligen Vierzahl" („tetraktýs"), die Zahl zehn, Vollkommenheit besitzt und das Wesen aller Dinge umfaßt, nahmen sie eine Gegenerde als zehnte Himmelssphäre an.

Dieser Kosmosentwurf entstand vermutlich nach Pythagoras am Ende des 5. Jahrhunderts. Man schreibt ihn *Philolaos* zu, dem wir eine erste schriftliche Fassung der pythagoreischen Lehre verdanken. Mit der Theorie vom Zentralfeuer war der erste Schritt zum *heliozentrischen Weltbild* getan, das *Aristarch* von Samos im 3. Jahrhundert vor Christus entwarf. Es war die Philosophie des *Aristoteles*, die einer Akzeptanz des neuen Weltbildes in der Antike und im Mittelalter im Wege stand. Doch pythagoreische Traditionen waren es dann, die dem Frauenburger Domherrn Nikolaus *Kopernikus* den Anstoß gaben, mit seinen „Revolutiones" („Über die Kreisbewegungen der Himmelskörper") das neuzeitliche Weltbild zu begründen.

Die Analogie von Musik und Kosmos ließ noch einen anderen zukunftsträchtigen Gedanken in den Pythagoreern aufkeimen. Nach ihrer Vorstellung erzeugen die einzelnen Sphären des Kosmos bei ihrer Bewegung Töne, die sich zu einer himmlischen Symphonie vereinen. Diese *Sphärenmusik* bekommt z. B. der berühmte Karthago-Bezwinger Scipio in *Ciceros* „De re publica" zu hören, als er seinen Traum vom Wesen wahrer Unsterblichkeit träumt. Wie man sich jedoch diese Harmonie vorzustellen habe, ob etwa die Abstände der einzelnen Gestirne hierbei eine Rolle spielen, all das bleibt völlig im dunkeln. Die Zuordnung der Planetensphären zu musikalischen Intervallen war das Produkt reiner Spekulation. Ohnehin war der Genuß der Sphärenharmonie dem göttlichen Meister Pythagoras vorbehalten. Vorsorglich erklärten die pythagoreischen Jünger, daß die Ohren von Krethi und Plethi für solcherlei Klänge zu taub und stumpf seien.

2 000 Jahre später ließ sich Johannes *Kepler* von dem Gedanken einer mathematisch-musikalischen Harmonie neu inspirieren. In seinem 1619 erschienenen Werk über die Weltharmonik greift er auf die pythagoreischen Spekulationen zurück. Keplers Werk regte wiederum den deutschen Komponisten Paul *Hindemith* im 20. Jahrhundert zu einer Symphonie und der Oper „Die Harmonie der Welt" an.

Mathematische Spekulation und Zahlensymbolik

Die Zahlentheorie der Pythagoreer zeigt eine untrennbare Mischung von rational-mathematischem Denken und naiv-mythischer Spekulation.

Der Aufbau der Zahlen gilt als ein Werden der Zahlen, und dieses Werden der Zahlen als das Werden der Welt. Die Zahlen entstehen aus dem Urgrund oder dem Urelement der Eins oder Einheit („monás“, vgl. den Begriff der Monade z. B. bei *Leibniz*). Die *Monás* ist also keine Zahl im heutigen mathematischen Sinn, sondern ein Urprinzip (eine „arché“), aus dem andere Prinzipien hervorgehen, so die Prinzipien des *Geraden* (= die Zweiheit) und des *Ungeraden* (= die Dreiheit). Hieraus wiederum werden die anderen Zahlen abgeleitet. Alle diese Zahlen haben nach pythagoreischer Auffassung ein reales Sein, sind also keine abstrakten Größen, sondern Bausteine der Wirklichkeit. Mathematik ist also *Ontologie* (Lehre vom Sein).

Von dieser Zahlentheorie ausgehend, verstiegen sich die Pythagoreer in eine (für uns Moderne) abstruse *Zahlensymbolik*. Die Eins („monás“), der Ursprung der Zahlen, wurde mit Seele und Geist gleichgesetzt. Zwei, das Gerade und das Unbegrenzte (da durch 2 teilbar), galt als Inbegriff der Weiblichkeit und der Veränderlichkeit. Die Drei hingegen stand als Zahlensymbol des Ungerade-Begrenzten für das Männliche und das Gute. Die Vier, die erste „richtige“ Quadratzahl, repräsentierte das Wesen der Gerechtigkeit, die Fünf, die Vereinigung des Männlichen und des Weiblichen (der Zwei und der Drei), stand für die Ehe. Zehn schließlich stellte die Summe der Tetraktýs (1+2+3+4) dar und bedeutete das Wesen aller Dinge, das sich auch in den zehn Sphären des Kosmos fassen läßt.

Seelenwanderungstheorie

Im Zentrum der pythagoreischen *Ethik* (Moralphilosophie) stand der Gedanke der Katharsis, der Reinigung der Seele. Die Pythagoreer übernahmen hier die Vorstellung der orphischen Mysterien, daß die Seele im Leib verunreinigt werde. Wie ein Kerker fesselt der Körper die Seele: „sóma séma" lautet das berühmte Wortspiel im Griechischen („Der Körper ist das Grab der Seele"). Die Reinigung und Erlösung der Seele wird über ein sittlich gutes Leben erlangt. Sein Inhalt ist die kontemplative wissenschaftliche Betätigung innerhalb der pythagoreischen Schule. Der Pythagoreer bekleidete entweder den Grad eines „Akusmatikers" (Hörers), der die ethischen Regeln des Meisters immer wieder nachzuvollziehen und umzusetzen hatte, oder den Grad eines „Mathematikers" (Wissenden, Eingeweihten), der die wissenschaftlichen Theorien und Studien der Schule nach- und mitzuvollziehen hatte. Für die Katharsis der Seele genügt nicht das eine menschliche Leben, vielmehr befindet sich die Seele nach pythagoreischer Auffassung auf einer Seelenwanderung (Metempsychose). Pythagoras selbst war der Auffassung, „er sei vor Zeiten schon auf Erden gewesen" und wußte um verschiedene Reinkarnationen.

Die Katharsis- und die Seelenwanderungstheorie bestimmten die *Lebensvorschriften* der Pythagoreergemeinde, so in den Geboten zu Mäßigkeit, Fleischenthaltung, Einfachheit der Kleidung und Treue zum gegebenen Wort. Berühmt unter den Diätvorschriften der Pythagoreer ist ihr Bohnenverbot.

Geschichte und Nachwirkung der Pythagoreer

Es liegt auf der Hand, daß eine philosophisch-religiöse Gemeinschaft wie die der Pythagoreer nicht nur begeisterte Zustimmung erweckte, sondern – wegen ihres asketisch-exklusiven Lebensideals, ihres moralischen Anspruchs und ihrer dogmatischen Positionen, kurz: wegen ihres Sektierertums – sich auch Feinde machte. Überdies zögerte die Schule nicht, ihre dogmatischen Vorstellungen von Harmonie auch auf die *Staatslehre* zu übertragen. Nur die aristokratische Staatsform fand den Beifall der Pythagoreer, sie bekämpften die Tyrannis der griechischen Stadtstaaten und die aufkommende Demokratie. Politische Auseinandersetzungen und Verfolgungen waren damit vorprogrammiert. Schon Pythagoras mußte am Ende seines Lebens aus Kroton fliehen. Im 5. Jahrhundert kam es zu einer regelrechten Pythagoreerverfolgung in Süditalien.

Die historischen Spuren des Pythagoreerbundes verlieren sich im 4. vorchristlichen Jahrhundert, doch schon die Philosophie *Platons* ist in vielem ein gewaltiger Nachhall des Pythagoreertums. Im 1. Jahrhundert nach Christus erlebte es als Neupythagoreertum eine Renaissance (z. B. in *Apollonios* von Tyana). Über *Philon* von Alexandria wirkte diese Bewegung auf das Judentum, über *Clemens* von Alexandria auf das Christentum.

Verweilen wir noch kurz bei der Rezeption pythagoreischen Denkens in Europa. Die neuzeitlichen Theorien von *Kopernikus* und *Kepler* wurden – wie bereits erwähnt – von pythagoreischen Traditionen motiviert. Unter pythagoreischem Einfluß entwickelte der Mathematiker E. *Weigel* im 17. Jahrhundert ein tetradisches Zahlensystem, das Weigels Schüler, den Philosophen Wilhelm *Leibniz* (1646–1716), zu seinem dyadischen Zahlensystem anregte. Dies aber war die theoretische Voraussetzung für elektronische Rechenmaschinen!

Wenn der Kirchenvater *Augustinus* im 6. Buch seiner „Musica" den Gedanken äußert, Rhythmus und Zahl leiteten hin zum Ewigen, so verdankte er diesen Gedanken ebenfalls pythagoreischer Tradition. Daß das Schöne in Kunst und Musik erst durch mathematische Regelhaftigkeit und Proportionalität entstehen könne, wurde durch Augustinus zur kanonischen Auffassung des hohen Mittelalters. Pythagoreisches Denken verband sich mit der Weisheit Salomons („Aber DU hast alles nach Maß und Zahl und Gewicht geordnet") zu den geistigen Grundlagen der europäischen Gotik und ihres Kirchenbaus. Die gotische Kathedrale will Modell des Kosmos und Abbild des himmlischen Jerusalem sein:

„Wenn der Architekt seine Kirche gemäß den Gesetzen harmonischer Proportion entwarf, ahmte er nicht nur die Ordnung der sichtbaren Welt nach, sondern er vermittelte auch, soweit das menschenmöglich ist, eine Andeutung von der Vollkommenheit des Gottesreiches."
(v. Simson: „Die gotische Kathedrale")

Pythagoras von Samos begründete in Süditalien eine aristokratische Lebensgemeinschaft von Männern und Frauen. Dieser Pythagoreerbund entwickelte eine philosophische Geheimlehre, in deren Zentrum die Zahlentheorie stand. Die Beschäftigung mit dem Wesen der Zahl führte die Pythagoreer zu grundlegenden Erkenntnissen in Musik, Mathematik und Kosmologie und zu einer spekulativen Interpretation der gesamten Wirklichkeit. Ihre strenge Moralphilosophie stand in enger Beziehung zur Theorie der Seelenwanderung.

Werden oder Sein? – Heraklit und die Eleaten

Wir stehen am Scheideweg der vorsokratischen Philosophie: Sein oder Nichtsein ist die Frage ... Das Urprinzip der Milesier umfaßte zwei Aspekte: einerseits die Idee vom Ursprung und Werden des Kosmos, andererseits die Vorstellung von einem bleibenden Grundprinzip. Diese Aspekte von Werden und Sein wurden von den Philosophen Heraklit und Parmenides radikal zu Ende gedacht.

Beide Philosophen lebten um 500 v. Chr., *Heraklit* im kleinasiatischen Ephesos, *Parmenides* im süditalienischen Elea. Parmenides veröffentlichte seine Philosophie in epischen Versen, Heraklit die seine in dunklen, orakelartigen Sprüchen und Aphorismen.

Heraklit – Werden

Heraklit entstammte einem adligen Priestergeschlecht. Er selbst verzichtete allerdings auf sämtliche Ämter in seiner Polis *Ephesos* und zog das Leben eines philosophischen Einsiedlers vor. Seine Distanz zum politischen Leben hielt ihn aber nicht davon ab, das Tun und Lassen der

Epheser mit bissigen Bemerkungen zu kommentieren. Aus seiner Abneigung gegen alle Demokratisierungsversuche machte er keinen Hehl. Seine Reaktion auf die Verbannung eines Aristokraten aus Ephesos: „Recht täten die Epheser, sich Mann für Mann aufzuhängen ..." Brüsk lehnte er das Angebot seiner Mitbürger ab, als Gesetzgeber und Verfassungsvater mitzuwirken. Er zog es vor, im Tempel der Artemis mit den Buben Würfel zu spielen. Seinen Mitbürgern soll er dabei zugerufen haben: „Was wundert ihr euch, heilloses Gesindel, ist dies nicht eine anständigere Beschäftigung, als mit euch die Staatsgeschäfte zu führen?" Auch sein Lebensende war von seinem eigenbrötlerischen Eremitentum geprägt. Aus Menschenfeindschaft zog er sich angeblich in die Berge zurück und lebte nur von Gras und Kräutern. Als er erkrankte, versuchte er sich mit Stallmist zu kurieren und starb daran. Eine andere Überlieferung will gar wissen, er sei im Mist von Hunden aufgefressen worden.

Die Antike nennt Heraklit „den Dunklen". Selbst *Sokrates* bemerkte nach der Lektüre seiner Philosophie: „Was ich verstanden habe, ist vorzüglich - aber auch das, glaube ich, was ich nicht verstanden habe." Zentraler Gedanke des heraklitischen Philosophierens ist die Einheit und Harmonie der Gegensätze. Im verwirrenden Wechselspiel der Dinge gibt es nur das universale Gesetz des *Logos*, das beharrt. Er versteht darunter Sinn, Geist und Gesetzmäßigkeit der Welt. All das, was im ewigen Strom von Werden und Vergehen an uns vorübergleitet, findet darin seine letzte Einheit. In vielen, oft sehr dunklen Aphorismen und Sprachspielen versuchte Heraklit die Polarität der Welt in Worte zu zwingen:

„Die Menschen verstehen nicht, wie das Unstimmige mit sich übereinstimmt: gegenstrebige Fügung wie Bogen und Leier."

Es ist die Spannung, durch die der Bogen ein sinnvolles Gerät wird! Ungespannt ist er nutzloses Holz. Ähnlich verhält es sich mit der Saite der Lyra: nur ihre Spannung schafft harmonische Klänge.

„Ein und dasselbe ist Lebendiges und Totes, Wachendes und Schlafendes, Junges und Altes; denn dieses schlägt um und ist jenes, und jenes wiederum schlägt um und ist dieses."

In diesem verwirrenden Aphorismus ist der Grundgedanke aller *Dialektik*, der Umschlag der These in ihr Gegenteil, die Antithese, vorgedacht. Der Philosoph *Hegel* hat sich denn auch zu Heraklit als dem Urvater der Dialektik bekannt. Wie die Gegensätze zur Einheit werden, wie es mit den Worten des mittelalterlichen Philosophen *Nikolaus von Cues* zur „coincidentia oppositorum" (Zusammenfall der Gegensätze) kommt, zeigt das folgende Fragment:

„Vor Gott ist alles schön, gut und gerecht; aber die Menschen wähnen, das eine sei unrecht, das andere recht."

In einem sehr berühmten Sprachspiel des Heraklit heißt es: „Des Bogens Name ist Leben, sein Werk aber Tod." Nur im Griechischen ist dieses Sprachspiel möglich, da die Wörter für Bogen und Leben gleiche Schreibweise zeigen („bios“), allerdings unterschiedlich betont werden (Leben = „bíos“, Bogen = „biós“). Der deutsche Dichter *Hölderlin* hat dieses Wortspiel in einem seiner Gedichte („Lebenslauf“) wiederverwandt.

Wie mit einem Hammer werden durch Heraklit die Gegensätze der Welt zusammengeschmiedet und in der Einheit „Gott“ zusammengedacht: „Gott ist Tag/Nacht, Winter/Sommer, Krieg/ Frieden, Sattheit/Hunger. Er wandelt sich aber gerade wie das Feuer ... “ Die Gegensätzlichkeit der Welt ist an anderer Stelle in eine berühmt-berüchtigte Formulierung eingegangen:

„Der Krieg ist der Vater aller Dinge, aller Dinge König. Die einen erweist er als Götter, die anderen als Menschen; die einen läßt er Sklaven werden, die anderen Freie.“

Krieg ist hier das Bild für die Antinomie, die Gegensätzlichkeit und Gegengesetzlichkeit des Seins. Allein der Widerspruch erschließt die Fülle des Seins, wie sich aus dem Widereinanderstrebenden und aus dem Unstimmigen nach Heraklits Überzeugung die schönste Harmonie ergibt (Fragment 8). Der Zusammenfall aller Widersprüche und Gegensätze bildet die inhaltliche Bestimmung des Weltlogos, der mit der Gottheit gleichgesetzt wird. Doch daß Heraklit der naturphilosophischen Tradition seiner Vorgänger verhaftet bleibt und sein Weltprinzip auch materiell denkt, beweist die Identifikation des Logos mit dem Feuer:

„Diese Weltordnung hier hat nicht der Götter noch

Menschen einer geschaffen, sondern sie war immer und ist und wird sein ein immer-lebendes Feuer, aufflammend nach Maßen und verlöschend nach Maßen ...“

Konsequenterweise hat der philosophische Verfechter des ewigen Werdens die Frage nach der „arché“ als Uranfang der Welt verworfen. Er betrachtete das ewige Werden als einen Fluß der Dinge. *„Panta rhei“* („Alles fließt“) ist die volkstümliche Formulierung des herakliteischen Gedankens, in der die Relativität alles Erkannten und Erkennenden ausgesprochen wird. „In die gleichen Ströme steigen wir und steigen wir nicht, wir sind es und sind es nicht“, heißt es in einem Fragment (B 49a). Eine Kosmologie, eine Lehre von der Entstehung der Welt, ist hier nicht mehr möglich, doch auch die Bilder vom Aufflammen und Verlöschen des Weltprinzips Feuer bleiben undeutlich.

Die *Stoiker* machten Heraklit zum Kronzeugen einer Weltbrand-Theorie, die davon ausging, daß ein periodischer Zyklus „Feuer – Welt – Feuer“ oder auch „Werden – Weltbrand (Vergehen) – Wiederentstehen“ den Weltprozeß ausmache:

Nach Ablauf eines Weltjahres, das 10 800 Jahre umfassen soll, endet die Welt im Weltbrand („ekpýrosis“), um alsdann in einer Palingenesie neu zu entstehen.

In stoischer Tradition gewann noch ein weiterer Gedanke Heraklits große Bedeutung: der Zusammenhang zwischen dem göttlichen Weltlogos und der Seele des Einzelmenschen. Für die Seele des Menschen formuliert der Epheser die ethische Aufgabe:

„Darum tut es not, dem Allgemeinen zu folgen. Obwohl aber der Sinn (‚lógos‘) allgemein ist, leben die vielen, als hätten sie ein Denken für sich.“

Heraklits Logos ist damit zweierlei: objektives Weltgesetz und personales Gesetz, an dessen Normen der einzelne ein Regulativ findet. Auf diesem zweiten, personalen Aspekt des heraklitischen Logos baute die Philosophie der Stoa ihre Pflichtenlehre auf, die in der Geschichte der europäischen Philosophie in Immanuel *Kant* ihre Vollendung erfuhr.

Trotz scheinbarer Unstimmigkeit und Unsinnigkeit der Welt fordert Heraklit zum Gebrauch der Vernunft auf. Seine Betrachtung der Welt führt zu Gedanken von pessimistischer Tiefe angesichts des Un-Sinns der Welt:

„Die Zeit ist ein Kind, ein Kind beim Brettspiel; ein Kind sitzt auf dem Königsthron ...“

„Wie ein wüst hingeschütteter Misthaufen ist die schönste, vollkommenste Welt.“

Diese tragische Weltsicht ist nur erträglich, wenn gleichzeitig ein letzter Sinn gefordert wird, etwas, in dem die Krausheit der Welt aufgehoben ist. Des Menschen Aufgabe ist nach Heraklit, diesem Sinn („lógos“) die Treue zu bewahren. In jedem Untergang ist ein neues Sein, ist ein neuer Sinn.

„Das Ewige regt sich fort in allen:
denn alles muß in Nichts zerfallen,
wenn es im Sein beharren will.“
(Goethe: „Eins und Alles“)

Xenophanes – Wegbereiter der eleatischen Philosophie

Die Antike sah in *Xenophanes* (ca. 570–480 v. Chr.) den Gründer der eleatischen Schule.

Er war nach langen Wanderungen durch die griechische Welt in *Elea* ansässig geworden. Seine Heimat Kolophon in Kleinasien hatte er auf der Flucht vor den Persern verlassen müssen. Auch wenn moderne Interpreten dem wandernden Dichter und Denker nicht allzuviel Einfluß auf *Parmenides*, den bedeutendsten Vertreter der Schule von Elea, zubilligen, lohnt ein Blick auf ihn. Denn unter den vielen Dichtern und Denkern der Griechen war Xenophanes einer der entschiedensten Vertreter des *Monotheismus.*

Von seiner Gottesvorstellung lassen sich unschwer Verbindungslinien zu Parmenides ziehen.

Als Kritiker der epischen Göttermythen wurde Xenophanes bereits erwähnt; scharf prangert er die anthropomorphen (menschengestaltigen) Göttervorstellungen an: „… die Sterblichen meinen, daß die Götter geboren würden und wie sie selbst Kleidung und Stimme und Gestalt hätten." Demgegenüber entwirft Xenophanes einen neuen, kühnen Gottesgedanken:

„Ein Gott, unter den Göttern und Menschen am größten, weder an Gestalt den Sterblichen gleich noch an Gedanken."

Gott – der ganz andere, der in erhabener, majestätischer Ruhe das Weltall regiert, denn „ohne Mühe erschüttert er alles mit des Geistes Denkkraft". Daß dieser Gott nicht einer von vielen sein kann, nicht Glied einer olympischen Götterfamilie, hat Xenophanes bereits in einer Art Gottesbeweis zu fassen versucht:

„Wenn aber die Gottheit das Mächtigste von allem ist, dann kann sie nur eine einzige sein. Denn sie könnte unmöglich alles, was sie wollte, wenn es mehrere Götter gäbe. Es kann also nur eine Gottheit geben."

Ja, die kühne Religionskritik des „Sturmvogels der Aufklärung", wie man Xenophanes genannt hat, bereitet in verblüffender Weise den Weg zur modernen Religionskritik eines *Feuerbach* im 19. Jahrhundert. Wenn Feuerbach, der Vater der Marxschen Religionskritik, alle Gotteserkenntnis als Selbsterkenntnis des Menschen zu deuten versucht, so liest sich Xenophanes wie ein Kommentar dazu:

„Wenn die Ochsen und Rosse oder Löwen Hände hätten und malen könnten und Werke bilden wie die Menschen, so würden die Rosse roßähnliche und die Ochsen ochsenähnliche Götterformen malen oder nachbilden, so wie eine jede Art gerade selbst ihre Gestalt hat. Die Äthiopier behaupten, ihre Götter seien stumpfnasig und schwarz, die Thraker dagegen, die ihren seien blauäugig und rothaarig."

Während aber die Feuerbachsche Kritik („Das Bewußtsein Gottes ist das Selbstbewußtsein des Menschen.") im Atheismus endet, führt die radikale Kritik des Vorsokratikers Xenophanes noch nicht zu einer prinzipiellen Leugnung des Göttlichen, sondern zu einem reineren Gottesbegriff. Das wahre Sein der Gottheit verdrängt den schönen, aber falschen Schein der mythischen Götterwelt.

Parmenides – Schein und Sein

Der Kampf gegen die Welt des Scheins wurde von *Parmenides* fortgesetzt. Wie Xenophanes die Truggespinste der Götterwelt entlarvte, so enthüllte Parmenides die Welt der Erscheinungen als trügerisch. Paradox an diesem reinen Denker ist allerdings, daß er seine Philosophie in einem epischen *Lehrgedicht* vortrug. Der Dichterphilosoph kündet darin von einer Auffahrt zum Licht der Vernunft; philosophische Lehre kleidet sich in die Sprache der Offenbarung:

„Die Rosse, die mich dahintrugen, brachten mich, soweit mein Herz nur begehrte, nachdem mich die Göttinnen auf den vielgerühmten Weg geleitet hatten, der den wissenden Mann unversehrt zum Ziel führt."

Nach dieser Auffahrt öffnen sich dem Philosophen die Tore zur reinen Wahrheit. Die Gottheit empfängt ihn huldreich und verspricht ihm Erkenntnis – sowohl die „wohlgerundete Wahrheit" wie auch die „Wahnvorstellungen der Sterblichen."

Mit diesen Versen aus dem Proömium (Einleitung) ist das doppelte Thema der Lehrdichtung des Parmenides genannt. Der erste Teil des Gedichts hat die Wahrheit zum Gegenstand; er führt in die Welt der reinen Erkenntnis, in das Reich der Metaphysik. Der zweite Teil ist dem physikalischen Weltverständnis mittels Sinneswahrnehmung und Empirie gewidmet. Sinnliche Wahrnehmung führt jedoch lediglich zu einem Meinen und Wähnen: sie ist ein „Holzweg" des Denkens. Denn Parmenides billigt der umgebenden Wirklichkeit, die wir mit Augen sehen, mit Ohren hören und mit Händen greifen, keinen letzten Wahrheitsgehalt zu: Sie ist die Welt des Scheins. Parmenides leugnet die Wirklichkeit!

Versuchen wir es uns deutlich zu machen, wie Parmenides zu diesem folgenschweren Schritt in der Philosophiegeschichte kam: In der Auseinandersetzung mit der ionischen Naturphilosophie stieß er auf einen Grundwiderspruch, der eine Lösung verlangte. Soll z. B. nach *Anaximenes* die Luft Urprinzip und Urelement sein, so müßte aus der Luft alles übrige Sein hervorgehen, also beispielsweise auch das Feuer. Das Seinsprinzip Luft würde damit partiell zu existieren *aufhören,* wäre es doch einmal Luft und einmal Feuer (das heißt: Nicht-Luft). Ein nur partiell existierendes Seinsprinzip wäre aber ein Unding und besäße keine Identität mit sich selbst. (Die spätere Ontologie, die Lehre vom Seienden, wird konsequenterweise im Satz der Identität fordern, daß jedes Ding mit sich identisch sei, also A nicht zugleich A *und* B sein könne.)

Parmenides konnte nicht anders, als am Ende seiner Analyse jeden Versuch zu verwerfen, mit Hilfe naturwissenschaftlicher Spekulation die Wirklichkeit zu ergründen. Er fragte nicht länger nach der Genese, dem Werden der uns umgebenden Wirklichkeit aus einer materiellen „arché“: der Grund aller Wirklichkeit wird zum *metaphysischen Problem.* Die Welt, die wir mittels Empirie und Sinneswahrnehmung erfassen, gibt keine Antwort auf die Frage nach dem Wesen des Seins. Um zu diesem Wesen des Seins vorzustoßen, muß von aller Erfahrung, von allen einzelnen seienden Dingen abstrahiert werden. Die Antwort ist weder konkret noch anschaulich, sie ist rein begrifflich und nur dem Denken zugänglich (mit *Kant* zu sprechen: apriorisch). „Denn Denken und Sein“, lautet die Erkenntnis des Parmenides, „ist ein und dasselbe.“ Diesem wahren Sein kommen die Prädikate „ungeworden“, „unteilbar“, „unbewegt“ und „unveränderlich“ zu.

Einzig der Satz *„Seiendes ist“* behält bei Parmenides Gültigkeit und Wahrheit. Damit setzt sich Parmenides in Gegensatz zu aller Erfahrung und Sinneserkenntnis. Denn allem, das Werden und Vergehen unterliegt, allem, das Bewegung und Veränderung erfährt, ist die Bestimmung von Sein und gleichzeitigem Nichtsein eigentümlich. Für Parmenides endet hier „das verläßliche Reden und Denken über die Wahrheit“, und es beginnt die trügerische Welt des Scheins („dóxa“). Wird tatsächlich die physikalische Welt philosophisch entlarvt? Nein! Nicht die physikalische Wirklichkeit ist trügerisch, sondern Parmenides läßt sich durch die trügerische Welt der Sprache zu einem Denkfehler verleiten. Irrtümlich hat er *Seiendes* und *Sein* gleichgesetzt und die Einzeldinge, die dem Werden und Vergehen unterliegen, mit den Kategorien des absoluten Seins erfassen wollen.

Platon wird in seinem Dialog „Sophistes" „Vater Parmenides" den Gehorsam aufsagen und die scheinbare Verwirrung des Seins einer begrifflichen Klärung zuführen.

Eleatische Nüsse – Zenon von Elea

Sprechen wir am Schluß des Eleaten-Abschnitts von Schildkröten! *Zenon,* der Schüler des Parmenides (nicht zu verwechseln mit dem Stoiker Zenon!), versuchte die Parmenideische Lehre von der Einheit und Unveränderlichkeit des Seins logisch-rational zu untermauern, indem er Raum und Zeit, die Voraussetzungen physikalischer Betrachtung, ad absurdum führte. Wegen seiner logischen Schärfe und genialen Handhabung des indirekten Beweises hat *Aristoteles* ihn als *Erfinder der Dialektik* bezeichnet. Auch in seinem Leben soll Zenon von eiserner Konsequenz gewesen sein. Bei einer Tyrannenverschwörung wurde er festgenommen und der Folter unterzogen. Angeblich um dem Tyrannen eine geheime Mitteilung zu machen, forderte Zenon diesen auf, das Ohr ganz nahe an seinen Mund zu halten. Als der Tyrann Zenons Aufforderung folgte, soll Zenon sich in dessen Ohr (nach anderen: in dessen Nase) verbissen haben. Der Märtyrertod des Zenon soll übrigens zum Sturz des Tyrannen geführt haben!

Abgesehen von dieser politischen Anekdote blieb Zenon bis zur Neuzeit der höheren Mathematik erhalten: Generationen von Schülern zermarterten sich ihr Gehirn mit den berühmten *Aporien* des Eleaten. (Aporien sind Denkwege ohne Ende und Ergebnis.) Eine Aporie handelt von Achill und der Schildkröte: Die Schildkröte, die mit einem kleinen Vorsprung den Wettlauf beginnt, besiegt Achill, den schnellsten aller Läufer. „Wenn nämlich Achilles den Punkt A (Ausgangspunkt der Schildkröte) erreicht hat und die Schildkröte im Punkt B vor ihm ist, ist die Schildkröte schon wieder weiter in Punkt C, wenn Achilles erst den Punkt B erreicht hat, und wenn Achilles in C ist, ist die Schildkröte schon wieder weiter im Punkt D usf. ad infinitum. Achilles kann die Schildkröte nie einholen“ *(Whitacker).* Mit logischer Notwendigkeit ergibt sich, was nicht sein kann und aller Anschauung widerspricht.

Nun, Zenons *Paradoxa* stürzen die Philosophen und Mathematiker bis heute in Verwirrung. Erkenntnistheoretiker löffeln noch immer an Zenons Schildkrötensuppe. Bleibt zu vermelden, daß Achill und seine Schildkröte im 20. Jahrhundert gar zu Romanhelden avancierten. In D. R. *Hofstadters* Buch „Gödel, Escher, Bach – ein endlos geflochtenes Band“ setzen Achill und Theo

Schildkröte ihre geistige Existenz und Konkurrenz fort. „Wir sind Erfindungen Zenos“, belehrt hier Theo Schildkröte Achill auf einer staubigen Piste.

Heraklit erkennt in der Welt nur ein ewiges Werden. Er stellt fest, daß alles in der Welt permanentem Wandel unterliegt, daß alles im Fluß ist („panta rhei“). Alle Gegensätzlichkeit der Welt findet jedoch in der Einheit des Logos zusammen. Die Eleaten um ihr Haupt Parmenides verwerfen dagegen die Welt des Werdens und der Erscheinungen als trügerisch: Wahrheit eignet einzig dem reinen Sein.

Werden und Sein – die Posteleaten

Empedokles, Anaxagoras und Demokrit nehmen eine mittlere philosophische Position zwischen eleatischem Sein und herakliteischem Werden ein. Ihre Philosophie bildet den großartigen Abschluß der vorsokratischen Philosophie im 5. Jahrhundert vor Christus. Die Wende zu den grandiosen Entwürfen der klassischen griechischen Philosophie eines Platon und Aristoteles steht bevor.

Empedokles – die Theorie von den vier Elementen

Empedokles von Akragas (ca. 493–433 v. Chr.) war eine Philosophenpersönlichkeit, in der sich verschiedene Züge von früheren Philosophen wiederfinden und neu Gestalt annehmen. Sein prophetisches Auftreten als Arzt, Wundertäter und Heiland erinnert an *Pythagoras,* andererseits bildet seine Kosmologie auf der Grundlage einer Theorie von den Elementen eine Summe der ionischen Naturphilosophie. Wie andere Vorsokratiker beteiligte er sich aktiv an der *Politik* seines Gemeinwesens. Da er ein bezaubernder Redner und Volksführer gewesen sein soll, bezeichnet ihn *Aristoteles* als einen Erfinder der Rhetorik. Empedokles kämpfte für die Einführung der

Demokratie in Akragas (Agrigent/Sizilien); von seinem charismatischen Auftreten weiß man Wunderbares zu erzählen: Er habe die Winde gebändigt, eine Seuche gebannt oder armen Mädchen (wie später der hl. Nikolaus) eine Mitgift geschenkt. Sogar eine Scheintote habe er, „obschon 30 Tage ohne Atem und Pulsschlag", erweckt. Es nimmt also nicht wunder, wenn Empedokles von sich dichtete:

„... ich aber wandle vor euch als unsterblicher Gott und erhaben / über das Sterbliche werd' ich von allen verehrt, wie gebührlich."

Auch das Lebensende des Empedokles ist in ein wunderbares Licht getaucht. Seine Anhänger glaubten, er sei in das Himmelslicht eingegangen, nachdem ihn eine Stimme gerufen habe. Die Ungläubigen verbreiteten dagegen die Nachricht, er sei in einen Krater des Ätna gesprungen, um sein Gottsein zu beweisen. Dies sei dadurch ans Licht gekommen, daß der Vulkan eine seiner Sandalen wieder herausgeschleudert habe (pflegte Empedokles doch eherne Sandalen zu tragen!).

„Es haben ihn die Götter sehr geliebt. / Doch nicht ist er der erste, den sie drauf / hinab in sinnenlose Nacht verstoßen, / vom Gipfel ihres gütigen Vertrauns ..."

So *Hölderlin* in seiner Tragödie „Der Tod des Empedokles".

Aus zwei philosophischen Werken des Empedokles besitzen wir Bruchstücke. Sein Werk *„Katharmoi"* (Reinigungen) lehrt in der Tradition der Orphiker und Pythagoreer das Leben als sittliche Reinigung unter dem Gesetz der Seelenwanderung. In der naturphilosophischen Schrift *„Über die Natur"* schlägt Empedokles einen Mittelweg zwischen der Leugnung des Werdens und der Leugnung des Seins in der Welt ein. Sein Ausgangspunkt ist die Annahme von vier ewig seienden Elementen; er zieht also das Fazit aus den unterschiedlichen Ansätzen der ionischen Naturphilosophen. Damit war die klassische *Elemententheorie* von Erde, Feuer, Luft und Wasser formuliert, die bis zur Neuzeit Gültigkeit behielt. Werden und Vergehen in der Welt erklärt Empedokles als Mischung und Entmischung der vier Elemente. Zwei weitere Prinzipien nahm er als Bewegungskräfte für die vier Elemente hinzu. Er nennt sie *Liebe* („philótes") und *Haß* („neíkos"). Die kosmische Macht Liebe sorgt für Vereinigung und Mischung in der Natur, die kosmische Gegenmacht Haß bewirkt Trennung und Entmischung. Eine Art erotischer Chemie beherrscht also den Kosmos.

Reduziert man die sechs empedokleischen Prinzipien auf ihre Grundstruktur von Sein (die vier Elemente) und Werden (die beiden Bewegungskräfte), so kann man auch von einem dualistischen Weltprinzip „Stoff und Kraft" sprechen. In dieser von Liebe und Haß gesteuerten kosmischen Chemie sind zwei Extreme denkbar: das Extrem völliger Vereinigung und Verschmelzung und das Extrem absoluter Trennung unter der Gewalt des Hasses. Der derzeitige Zustand der Welt, der von Werden und Vergehen gekennzeichnet ist, ist also eine Art Mittelstadium, in dem Liebe und Haß gleichermaßen auf die Elemente einwirken, so daß Mischung und Entmischung, also Werden und Vergehen, in der Welt gewährleistet sind.

Demokrit – die Theorie von den Atomen

Ein antiker Philosophiehistoriker zählte *Demokrit von Abdera* (Nordgriechenland) zur Spitzenklasse: Er sei der „Fünfkämpfer" unter den Philosophen, beherrsche er doch „nicht nur Physik und Ethik, sondern auch Mathematik und die Kenntnisse, die zur allgemeinen Bildung gehören; dazu komme noch die volle Bekanntschaft mit den Künsten". Demokrit war ein reicher und universaler Geist wie *Aristoteles,* von seinem umfangreichen literarischen Werk sind aber nur Splitter überliefert. „Was er war, wissen wir doch eigentlich nicht ... Er ist für uns nur ein großer Name", bemerkt der große Philologe *Wilamowitz* über den „lachenden" Philosophen, wie Demokrit auch genannt wurde.

Wie *Empedokles* suchen Demokrit und sein Lehrer *Leukipp* (beide sind in der Überlieferung zu einer untrennbaren Einheit verschmolzen!) die Lösung des parmenideischen Seinsproblems im Phänomen der Mischung. In der Welt herrscht nach ihrer Lehre strengste Kausalität: „Kein Ding entsteht zufällig, sondern alles aus Vernunft und Notwendigkeit." Es gibt in dieser Welt nur leeren

Raum und *Atome,* „das Nichts und das Ichts" (Etwas) – in demokriteischer Formulierung. Die Atome (unteilbare Materieteilchen) unterliegen seit Entstehung des Kosmos einem Wirbel, der sie im leeren Raum „herumspritzt". Durch das „Zusammentreffen der Atome bewirken sie Entstehen, durch ihre Trennung Vergehen". Diese ungewordenen, unvergänglichen und unveränderlichen Teile des Seins unterscheiden sich nicht qualitativ, sondern lediglich quantitativ voneinander, und zwar hinsichtlich Form, Größe, Lage und Anordnung. Demokrit erläutert das an einem Beispiel aus dem griechischen Alphabet: „Es unterscheidet sich das A vom N durch die Form, AN von NA durch die Anordnung, Z von N durch die Lage" (aus dem Zeta wird durch Drehung ein N). Nach dem Grundsatz „Gleiches mit Gleichem" entstehen über Atomverbindungen zusammengesetzte Körper.

Soweit der Entwurf der *materialistischen Atomtheorie* von Leukipp und Demokrit, die eine ungeheure Wirkung bis zur Neuzeit ausüben sollte. Wie skeptisch allerdings Demokrit gegenüber der Erkennbarkeit der Wirklichkeit blieb, zeigt seine schöne Sentenz: „In Wirklichkeit wissen wir nichts; denn in der Tiefe ist die Wahrheit."

Nach diesem Versuch, aus der Sackgasse von Sein und Werden herauszufinden, sei kurz die *Ethik* Demokrits erwähnt. Offenbar lag sie nicht als geschlossenes System vor, sondern in Form von Gnomen (Einzelstatements).

Zentralbegriff und Zielpunkt seiner Ethik ist die

„Euthymie“, die heitere seelische Ruhe und Wohlgemutheit:

„Am besten ist es für den Menschen, wenn er sein Leben möglichst wohlgemut und so wenig wie möglich mißmutig verbringt.“

Diese Wohlgemutheit erreicht der Mensch, wenn er maßvoll in der Lust ist und im Leben das rechte Maß bewahrt. Bedeutsam für die weitere Geschichte der Ethik war es, daß bei Demokrit zum ersten Mal der Begriff der *Pflicht* gedacht wird. Klugsein wird von Demokrit nämlich folgendermaßen definiert: „Wohl denken, wohl reden und tun, was Pflicht ist.“ Vortrefflich paßt in diesen Rahmen der tiefsinnige Aphorismus: „Das Wort: der Schatten der Tat.“

Die Wirkungsgeschichte des Philosophen Demokrit, von dem wir leider eine nur sehr schmale unmittelbare Überlieferung besitzen, ist gewaltig. Sie sei mit einigen Namen dokumentiert:

- *Epikur* und der Epikureismus,
- der römische Dichter *Lukrez* (98–55 v. Chr.) mit seinem Lehrgedicht „De rerum natura“ (Welt aus Atomen),
- Pierre *Gassendi* (1592–1655), der Erneuerer der atomistischen Physik am Beginn der Neuzeit,
- Christoph Martin *Wieland* mit seiner Geschichte „Die Abderiten“ (1774), einer Satire auf die Kleinstadtwelt,
- Karl *Marx* mit seiner Doktorarbeit „Die Differenz der demokriteischen und epikureischen Naturphilosophie“ (1841).

Anaxagoras – die Theorie von den Homöomerien

Anaxagoras von Klazomenai (bei Smyrna in Kleinasien) war ein typischer Philosoph der griechischen Aufklärung des 5. Jahrhunderts. Er wandte sich vom politischen Leben ab und widmete sich gänzlich seinen philosophischen Studien. Als Wissenschaftler und Forscher repräsentiert er einen neuen europäischen Menschentyp. Als man ihn fragte, wozu er denn auf der Welt sei, soll er geantwortet haben: „Zur Beobachtung von Sonne, Mond und Himmel." In Athen gehörte er – wie auch der berühmte Bildhauer *Phidias* – dem Kreis des *Perikles* an. Da Anaxagoras die Sonne als glühende Gesteinsmasse bezeichnete, warf man ihm in Athen „Asebie" (Gottlosigkeit) vor und machte ihm den Prozeß. Als ihn jemand in seiner Verbannung bedauern wollte: „Du hast auf Athen verzichten müssen!", soll er geantwortet haben: „Nein, umgekehrt, Athen auf mich!"

Wie die Philosophen *Empedokles* und *Demokrit* löste Anaxagoras das eleatische Seinsproblem durch Annahme eines Mischungsvorgangs. Im Gegensatz zur Elementen- und zur Atomtheorie glaubte Anaxagoras, daß in jedem Stück einer Substanz alle Möglichkeiten des Seins in winzigen *Teilchen* (man nannte sie später „Homöomerien") enthalten seien. Wie er zu dieser Auffassung kam, macht der folgende Gedankengang deutlich:

„Wir nehmen doch Speise in einfacher Art zu uns und von einerlei Form – wie Brot und Wasser, und aus dieser Speise bilden sich Haare, Venen, Arterien, Fleisch, Sehnen, Knochen und die anderen Teile. Angesichts dieser Vorgänge muß man zugeben, daß in der Speise, die wir zu uns nehmen, sämtliche Stoffe vorhanden sind und daß aus dem Vorhandenen alles wächst. In jeder Speise sind also Teilchen vorhanden, aus denen Blut, Sehnen, Knochen und alles übrige entstehen."

Nicht verschwiegen sei allerdings, daß die Annahme des Anaxagoras logische Schwierigkeiten enthält, muß man doch in jedem noch so kleinen Teilchen unendlich viele Seinsmöglichkeiten annehmen.

Einen Markstein in der griechischen Philosophie bedeutete hingegen das *Bewegungsprinzip,* das Anaxagoras einführte. Er bezeichnete den göttlichen Geist („nús") als Urheber aller Bewegung. Dieser ordnete die wirre Materie und setzte die kosmische Urbewegung durch einen Wirbel in Gang. In dieser Theorie ist erstmals der *Dualisums* von Geist und Materie enthalten, wenn auch noch nicht in der vollendeten Form wie bei *Platon* und *Aristoteles.* Der Nús des Anaxagoras gibt zwar den Anstoß zum Werden im Kosmos, bleibt aber danach ohne weitere Aufgabe. Spätere Philosophen kritisierten mit Recht, Anaxagoras mißbrauche seinen Weltgeist als Lückenbüßer: Wenn er nicht mehr aus noch ein wisse, zerre er seinen „nús" herbei. Übrigens ähnelt die Gottesvorstellung des Anaxagoras dem *deistischen* Gottesbegriff der europäischen Aufklärer *Voltaire* und *Lessing:* Gott habe das Uhrwerk Welt in Gang gesetzt, sich anschließend aber von diesem Werk zurückgezogen. *Schopenhauer* nannte diese Art Gottesvorstellung treffend einen „höflichen Atheismus“.

Empedokles, Demokrit und Anaxagoras überwanden mit ihren Vermittlungsphilosophien den Streit um Sein oder Werden. Empedokles erklärte Werden und Vergehen als Ergebnis einer Mischung der vier Elemente, Erde, Feuer, Luft und Wasser, Demokrit mittels der Atomtheorie als eine Folge wechselnder Atomverbindungen, Anaxagoras schließlich durch die Annahme von Substanzen, die in kleinsten Teilchen alle Seinsmöglichkeiten in sich bergen (sogenannte Homöomerien).

Geistige Krise und radikale Fragen – die Sophisten

Die Sophisten haben seit Sokrates eine schlechte Presse. „Sie reden, um zu betrügen“, urteilte ein Zeitgenosse. Der Schimpf, spitzfindige Wortverdreher zu sein, hängt ihnen bis heute an. Dabei ist die ursprüngliche Bedeutung des Wortes „Sophist“ positiv: Weisheitslehrer. Negativ gefärbt wurde es durch die einhellig negative Kritik von Sokrates, Platon und Aristoteles.

Doch fragen wir zunächst, was die *Sophisten* ursprünglich waren, bevor wir darüber sprechen, wozu sie wurden. Die Sophisten waren die intellektuellen Repräsentanten der politisch-geistigen Situation im Griechenland des 5. Jahrhunderts vor Christus. Damals wurden alle Lebensbereiche in Staat und Gesellschaft von einer *revolutionären Bewegung* erfaßt: Sämtliche Werte wurden „umgewertet“.

Einige Stichworte mögen genügen, um die historischen Triebkräfte und Bewegungen zu skizzieren, die dazu führten:

- die Perserkriege des 5. Jahrhunderts,
- neue Machtverhältnisse in Griechenland (Athens Aufstieg zur Großmacht),
- Durchbruch der demokratischen Idee (besonders in Athen),
- ökonomische Prosperität.

Im Mittelpunkt der philosophischen Reflexion steht nicht länger der Kosmos. Der *Mensch* rückt in das Zentrum geistiger Betrachtung. Die Sophisten interessierten sich besonders für Bildung und Erziehung des „neuen“, demokratischen Menschen. Sie wurden die ersten gewerbsmäßigen Lehrer Europas. Mit ihnen beginnt die Tradition des europäischen Lehrplans; das antik-mittelalterliche Lehrsystem der *„Sieben freien Künste“* („septem artes liberales“) kann auf sie zurückgeführt werden. Eine enthusiastische Jugend lauschte in den Städten den neuen Lehren der Sophisten. Der Vätergeneration, die „altfränkisch“ (oder „altattisch“) dachte, blieb einzig ohnmächtiges Gezeter gegen die Verführer der Jugend. (Bekanntlich ist aber der Widerstand gegen den Zeitgeist und seine „Jugendbewegungen“ immer zum Scheitern verurteilt!)

Wie am Anfang der Neuzeit ein *Descartes* alles dem radikalen methodischen Zweifel unterzog, so unterzogen auch die Sophisten alles ihrer *skeptischen* Prüfung. Die widersprüchlichen Ergebnisse der früheren Philosophie hatten zu einer *Relativierung* jeder sicheren Erkenntnis führen müssen. Über jedes Ding gebe es zwei Meinungen, lehrte *Protagoras* (ca. 485–415 v. Chr.), mit den Menschen wechsle auch die Wertung. Seine Formulierung ist klassisch geworden: „Der Mensch ist das Maß aller Dinge, der seienden, daß sie sind, und der nichtseienden, daß sie nicht sind.“ Bezeichnenderweise trägt die Schrift, die mit diesem Schlag gegen die Sicherheit der Erkenntnis beginnt, den Titel „Niederwerfende Reden". Der geistige Umsturzversuch des Protagoras machte auch vor den Göttern nicht halt:

„Von den Göttern vermag ich nichts festzustellen, weder daß es sie gibt, noch daß es sie nicht gibt, noch was für eine Gestalt sie haben. Denn vieles hindert ein Wissen darüber: die Dunkelheit der Sache und die Kürze des Lebens."

Dieses verbale Wagnis hatte politische Konsequenzen: Protagoras wurde aus Athen verbannt, seine Bücher wurden auf dem Marktplatz verbrannt.

Der Skeptizismus und der Relativismus der Sophisten verschonten keinen Bereich des griechischen Lebens: Gesetz, Sitte, Religion wurden der Kritik unterzogen, bei späteren Sophisten finden sich sogar sozialrevolutionäre Gedanken: *Alkidamas* vertrat die prinzipielle Gleichheit aller Menschen (also auch der Sklaven!), und *Phaleas* und *Hippodamos* entwickelten erste sozialistische Theorien. Andere Sophisten hatten dagegen eine ausgesprochene Herrenmoral vertreten: „Recht ist, was dem Stärkeren nützt" ist eine sophistische These. Eine extreme Position im geistigen Spektrum der Sophisten bildet auch der Nihilismus des *Gorgias* (ca. 483–376 v. Chr.). Dieser hatte mit aller Philosopie abgerechnet und ihr abgeschworen. Seine Grundthesen:

1. Es gibt nichts.
2. Wenn es auch etwas gäbe, wäre es für den Menschen unerkennbar.

3. Wenn es auch erkennbar wäre, wäre es doch unseren Mitmenschen nicht vermittelbar und nicht verständlich zu machen.

Gorgias glaubte an nichts mehr – außer an die Gewalt und Macht des gesprochenen Wortes. Er handhabte allerdings seine rhetorische Kunst so gewinnbringend, daß der antike Klatsch erzählte, Gorgias habe sich in Delphi eine Statue aus purem Gold aufstellen lassen. Der *Redekunst* des Gorgias geht es nicht um die Wahrheit des gesprochenen Wortes, sondern einzig um dessen Wirkung. Diese Rhetorik zielt auf die Beeinflussung des Hörers, seine „Manipulation" (die Alten nannten das „Seelenführung" = „psychagogé"). Wahrscheinlichkeit tritt an die Stelle der Wahrheit. Hatte Protagoras noch das schwächere Argument zum stärkeren machen wollen, so sah die spätere Sophistik bereits als Ziel der Rhetorik, die schlechtere Sache zur besseren zu machen. Hiermit war die Sophistik bei Positionen angelangt, die nicht nur die öffentliche, sondern besonders auch die philosophische Kritik herausfordern mußten. So wurde „Sophist" zum Schimpfwort, das noch heute gilt.

Positiv aber schlägt zu Buche, daß die Sophistik als *Aufklärungsbewegung* wissenschaftliche und philosophische Fragestellungen und Probleme aufgeworfen hat, die Gegenstand des griechischen und europäischen Philosophierens blieben. Der nachstehende Katalog zeigt, daß sie mit ihren Themen Wegbereiter der späteren Einzelwissenschaften wurden:

- Rhetorik (auch rhetorische Figuren),
- Sprachwissenschaft (z. B. Grammatik),
- Logik (Erkenntnistheorie),
- Politik als Wissenschaft (Urzustand der menschlichen Gesellschaft, Diskussion der besten Staatsform),
- Rechtswissenschaft (Erörterung von Naturrecht und positivem Recht: Besteht Recht von Natur aus, oder entsteht es lediglich durch menschliche Satzung und Setzung?),
- Pädagogik (Erziehungswissenschaft),
- Psychologie (besonders des Redens),
- ethische und theologische Probleme,
- These vom „Recht des Stärkeren“ (sogenannte Herrenmoral),
- sozialrevolutionäre Ideen,
- Enzyklopädie (umfassende Allgemeinbildung als Bildungsbegriff).

Die Sophistik war die griechische Aufklärungsbewegung des 5. Jahrhunderts vor Christus; alle geistigen und moralischen Grundlagen wurden hinterfragt, grundlegende Fragen wurden gestellt. Problemstellungen und Fragen der Sophisten blieben auf der Tagesordnung der späteren Philosophie. Auch als Wegbereiter der Einzelwissenschaften können die Sophisten gelten.

Die philosophische Wende – Sokrates

Inmitten der geistigen und politischen Krise des antiken Griechenland (im 5. vorchristlichen Jahrhundert) ging der schärfste Kopf von Athen Tag für Tag einem sonderbaren Beruf nach: Er suchte die Wahrheit. Sokrates ist der Angelpunkt der antiken Philosophiegeschichte. Er rief die Philosophie (nach Cicero) vom Himmel auf die Erde herab.

Sokrates und Christus

Unter den großen Gestalten und Gestaltern des Abendlandes gibt es zwei, die durch ihren Tod unauslöschlich in die Erinnerung eingemeißelt sind: *Sokrates* und *Jesus Christus.* Beide sind geistige Symbole und Chiffren für Menschsein und Menschlichkeit in Europa geworden: der Gottessohn, der in tiefster Verlassenheit am Kreuz endet, und der Grieche Sokrates, der in heiterer Gelassenheit bis zur Todesstunde mit seinen Freunden diskutiert und dann den Schierlingsbecher ohne Zittern trinkt. Das Kreuz Jesu – ein Skandalon, ein Ärgernis des Geistes, wie der Apostel *Paulus* formulierte. Der sterbende Sokrates – ein „Hauptwendepunkt des Geistes in sich selbst" *(Hegel)* oder „das Wappenschild über dem Eingangstor der

Wissenschaften“ *(Nietzsche)*. Der Tod Jesu Christi wurde für die Christenheit paradoxer Grund zum Leben, eine Hoffnung über das physische Ende hinaus; das Leben und Sterben des Sokrates wurde hingegen zum Vorbild philosophischer Lebensführung und zum leuchtenden Beispiel unbestechlicher Treue zu sich selbst und zur Wahrheit. Sokrates war der Geistesheros, auf den sich alle späteren Philosophen beriefen. Die großen Philosophenschulen des Altertums betrachteten sich als „Sokratiker“ und sahen in Sokrates ihr geistiges Vorbild. Die Größe, die er im Sterben bewies, war für Spätere Prüfstein des eigenen Lebens und der Kunst zu sterben.

Leben und Tod des Sokrates

Sokrates wurde 469 v. Chr. als Sohn des *Sophroniskos* und der Hebamme *Phainarete* geboren. Er erlernte das väterliche Handwerk des Bildhauers. Als Athener von echtem Schrot und Korn erfüllte er mustergültig seine Bürgerpflichten. Dreimal stand er während des Peloponnesischen Krieges (431–404 v. Chr.) im Feld und fiel durch persönliche Tapferkeit auf. Im innenpolitischen Leben von Athen bewies er mehrmals seine Zivilcourage. So versagte er sich dem Ansinnen der Regierung der 30 Tyrannen, Beihilfe zu einem Justizmord zu leisten, und riskierte damit sein Leben. Im Prozeß gegen die Feldherren der Arginusenschlacht (die wegen eines Unwetters die Rettung der Schiffbrüchigen unterlassen hatten) gab er als einziger seine Stimme für einen Freispruch der Angeklagten. Konsequent blieb er – bis in den Tod.

Dem Siebzigjährigen machte man den *Prozeß* und verurteilte ihn zum Tode. Dies war der größte Skandal in der griechischen Geschichte! Als man in der politisch und wirtschaftlich depressiven Situation nach der Niederlage gegen Sparta nach den Schuldigen für das Debakel suchte, fiel bald der Name Sokrates. Denn bei vielen kurzsichtigen Athenern galt es als ausgemacht, daß die Sophisten an allem schuld seien. Sie hätten – so meinte man – die attischen Werte und Tugenden zersetzt und den moralischen Dolchstoß von hinten geführt. Sokrates galt als Sophist, hatte er doch gediegene Bürger durch seine *Dialektik* und *Ironie* blamiert und die Jugend mit der neumodischen Philosophie verdorben. Erschwerend kam hinzu, daß Sokrates als einer der Hauptvertreter der politisch konservativen Richtung des Sophismus galt. Kurz – gegen den Greis wurde Anklage erhoben. Vor Gericht tat die Unerschütterlichkeit, mit der er seinen Überzeugungen treu blieb, das übrige. Seine berüchtigte Ironie, mit der er als Strafmaß gar eine Ehrung (die Speisung im Rathaus von Athen) verlangte, machte das Maß voll. Dem Schuldspruch folgte das *Todesurteil.* Wie Sokrates während der Verhandlung es abgelehnt hatte, durch das Auftreten von Frau und Kindern vor den Richtern um Milde zu bitten, so lehnte er nach dem Urteil die mögliche Flucht aus dem Gefängnis konsequenterweise ab. Flucht wäre – so argumentiert er im Platonischen Dialog „Kriton" – ein Bruch der Gesetze, denen er bislang gefolgt sei.

Nach 30 Tagen kam der Tag der *Urteilsvollstreckung.* Bei Sonnenuntergang mußte Sokrates den Schierlingsbecher leeren. Den letzten Tag im Leben des Sokrates hat *Platon* in seinem Dialog „Phaidon" ergreifend gestaltet. Der engste philosophische Freundeskreis hat sich bei Sokrates eingefunden, um eine letzte große philosophische Debatte zu führen. Thema dieser letzten Stunden: die Unsterblichkeit der Seele. Am Ende des Dialogs „Phaidon" schildert Platon, wie Sokrates zum Schierlingsbecher greift und seine letzten Worte an die Umstehenden richtet: „Kriton, wir sind dem Asklepios einen Hahn schuldig ..." Mit dieser Weisung, Asklepios (Äskulap), dem Gott der Heilung und Gesundung, zu opfern, will Sokrates ausdrücken, daß er nun im Moment des Todes von langer Krankheit genesen ist: Befreit aus dem Kerker des Körpers, kehrt die unsterbliche Seele in ihre Heimat zurück.

So erfüllt sich das „Geschäft des Philosophen", wie es im „Paidon" beschrieben wurde:

„In der Tat trachten die richtig Philosophierenden danach zu sterben, und tot zu sein ist ihnen unter allen Menschen am wenigsten furchtbar."

Sokratische Wahrheitssuche – Was ist das Allgemeine?

Sokrates suchte die Wahrheit. „Welche Wahrheit?“ fragte eine durch die Sophistik skeptisch gewordene Zeit. „*Die* Wahrheit!“ lautete die unerschütterliche Antwort des Sokrates. Er suchte die Wahrheit an sich, war auf der Jagd nach dem Absoluten. Seine Zeit hatte alle tradierten Normen der menschlichen Gesellschaft zur Diskussion und Disposition gestellt. Um diese Normen, um die zentralen Probleme der Ethik kreist das sokratische Denken, wie wir es in den Dialogen seines Schülers Platon nachgezeichnet finden. Wie handle ich recht? Was ist Tugend? Was Gerechtigkeit? Was Tapferkeit? Sokrates suchte die Wahrheit, suchte sie im *Gespräch* mit anderen Menschen auf der Straße, auf dem Markt, auf dem Sportplatz. Durch seine dialektische Kunst gewann die alltägliche Unterhaltung schnell Tiefgang und bohrende Schärfe.

Die Gesprächspartner des Sokrates wenden sich selbstsicher und zuversichtlich den aufgeworfenen Fragen zu. Natürlich weiß ein General *Laches* (um ein konkretes Beispiel zu nennen), was Tapferkeit ist, und hat schnell eine passable Erklärung zur Hand:

Laches: Was Tapferkeit ist, Sokrates, ist leicht gesagt. Wenn jemand in der Schlachtordnung standhaft, ohne zu fliehen, den Feind abwehrt, ist er tapfer.

Sokrates: Hervorragend, Laches, doch muß es an meiner ungenauen Frage liegen, daß du mir nicht die richtige Antwort gibst.

Laches: Ich versteh' dich nicht, Sokrates!

Sokrates: Ich versuch's dir klarzumachen, was ich meine. Natürlich hast du auch recht, denn tapfer ist, wer standhaft den Feind abwehrt.

Laches: Das will ich doch meinen!

Sokrates: Ich auch – aber wie steht's, wenn jemand nicht standhaft ist, sondern flieht und dabei gegen den Feind kämpft?

(*Platon:* „Laches", 190 d)

Was macht das Stück Dialog deutlich? Laches hat mit einer Einzelerscheinung das Wesen der Tapferkeit erklären wollen. Sokrates brachte sofort das Gegenbeispiel, und sehr schnell verheddert sich der scheinbare Spezialist für Tapferkeit im Gestrüpp der Definitionsversuche. Er muß erkennen, wie komplex Tapferkeit ist, daß sie verschiedene Ausformungen im Militär- und Zivilleben hat und sogar individuelles Verhalten bei Furcht und Schmerz bezeichnet. Die Dialogpartner beginnen zu ahnen, daß nach einem Begriff von Tapferkeit gesucht wird, der *alle* denkbaren Einzelfälle von Tapferkeit umfaßt, doch eine Antwort, eine Definition des Wesens der Tapferkeit wissen sie nicht zu geben. Das Gespräch endet in der *Aporie*, in der Feststellung, daß eine Lösung der Frage nicht gefunden werden kann. Hören wir das Ende des Dialogs „Laches":

Sokrates: Wir haben aber doch behauptet, daß Tapferkeit nur ein Teil der Sittlichkeit (Tugend) ist.

Nikias: Das haben wir ...

Sokrates: Die jetzige Darlegung stimmt aber damit nicht überein.

Nikias: Es sieht nicht so aus.

Sokrates: Wir haben also nicht herausgefunden, Nikias, was Tapferkeit ist?

Nikias: Nein, das haben wir offenbar nicht.

Der moderne Leser hat das eigentliche Anliegen des Sokrates schnell begriffen, und daß er es schnell begreift, verdankt er dem Philosophen Sokrates. Sokrates will keine Antwort auf die Frage nach dem Wesen der Tapferkeit, die lediglich individuelle Erfahrung und einzelne Wahrnehmung widerspiegelt (kein „Ich meine zum Beispiel ..."). Nein, eine Wesensbeschreibung der Tapferkeit muß immer gelten, muß auf alle Einzelfälle von Tapferkeit zutreffen. Gesucht ist also ein allgemeiner, ein abstrakter Begriff. Die Entdeckung des *Allgemeinbegriffs* durch Sokrates ist ein großer Schritt vorwärts im menschlichen Denken. Dieses stößt damit über das Konkret-Anschauliche hinaus zu Begriffen vor, die nur dem Denken und der Vernunft zugänglich sind. „Das schöne Schiff", „der schöne Tempel", „das schöne Mädchen" sind anschauliche Vorstellungen. Über die jeweilige „Schönheit" wird man dabei schnell zu Urteil und Bestimmung kommen. Wie aber verhält es sich mit „dem Schönen an sich"? Hier muß alle Anschauung versagen: die Vernunft ist gefordert.

Mit der Entdeckung des Allgemeinbegriffs

wurde Sokrates auch zum Begründer der *Metaphysik*, deren Gegenstände die Allgemeinbegriffe sind („das Gute", „das Schöne", „das Sein"). Die Antwort aber, was denn das Gute oder das Schöne sei, blieb Sokrates schuldig. Am Ende seines unerbittlichen, scharf sezierenden Denkens und Diskutierens stand die Aporie, das Eingeständnis, *die* Wahrheit nicht gefunden zu haben. *„Ich weiß, daß ich nichts weiß"* lautet die einzige Wahrheit, die Sokrates für unumstößlich gewiß hielt. Trotzdem (oder: deswegen) hatte das Orakel zu Delphi offenbart, daß keiner weiser sei als Sokrates. Die attische Jugend war von seiner radikalen Wahrheitssuche fasziniert, ja „narkotisiert", wirkte doch die Untersuchungs- und Gesprächsmethode (Dialektik) des Sokrates wie ein Zitterrochen („nárké"), der elektrische Schläge austeilt. Sokrates trieb die Jugend an, auf den mühseligen Wegen des Denkens radikal nach der Wahrheit zu suchen, von den Einzelerscheinungen zum Allgemeinen und immer Gültigen vorzudringen (was wir heute als *„induktive Methode"* bezeichnen).

Der Eindruck könnte entstehen, die Kunst des Sokrates sei doch eigentlich sehr blutlos und akademisch gewesen. Macht man sich aber klar, daß hinter der Frage nach dem sicheren Wissen immer auch die Frage nach dem *richtigen Handeln*, d. h. die Ethik, steht, versteht man die gewaltige Wirkung des Sokrates besser. Nach dessen tiefster Überzeugung gab es einen Zusammenhang zwischen Sittlichkeit („Tugend", griech.: „areté") und Wissen. Richtige Einsicht vermittle eine

Anleitung zum richtigen Handeln. Formelhaft ausgedrückt: *Tugend* ist Wissen. Umgekehrt beruhen nach Sokrates das Böse und böses Handeln auf mangelnder Einsicht und fehlendem Wissen. Gerade weil Sokrates Tugend als lehrbar ansah, war es so wichtig, sie in den Griff – in den Be-Griff! – zu bekommen. Zum besseren Verständnis sei erwähnt, daß das griechische Wort für Tugend, „areté", zunächst Tüchtigkeit bedeutete, also ein erlernbares Verhalten bezeichnete. Nur das Gute – so Sokrates –, das unsere Erkenntnis kritisch geprüft und bestätigt hat, kann dem Menschen wahrhaft von Nutzen sein und zur *Glückseligkeit* („eudaimonia") verhelfen.

Sokrates sah seinen erzieherischen Auftrag darin, Menschen zum Umdenken zu bewegen und sie über das Erkennen ihres Nichtwissens zu tieferer Einsicht zu bringen. Menschen in Verwirrung, in Aporie zu versetzen, war als pädagogischer Anstoß gedacht, sie auf den Weg der Wahrheitssuche und des Guten zu bringen. Die Erkenntnis des eigenen Nichtwissens und die Notwendigkeit der Wahrheitssuche führen zum dialektischen Ringen um abstrakte Wesensbestimmung und allgemeingültige Begriffe.

Die Idee – Platon

„Es geht die Erzählung, Sokrates habe geträumt, daß er auf seinem Schoß einen jungen Schwan halte. Diesem seien Federn gewachsen, er habe die Flügel gehoben und sei in die Lüfte emporgestiegen – unter schallenden Jubeltönen. Am Tag nach diesem Traum sei Platon zu ihm geführt worden. Da habe Sokrates gesagt, dies sei der Vogel.“

Platon ist der Sokrates-Schüler, der die große philosophische Antwort auf die Aporie des Lehrers gibt. Hätte *Sokrates* den jungen Aristokraten Platon nicht zur Philosophie bekehrt, wäre dieser vielleicht Dichter geblieben, und wir läsen heute seine Tragödien ... Doch der Zauber des Sokrates veranlaßte den jungen Platon, seine Werke vor dem Theater des Dionysos zu verbrennen und Hörer des Sokrates zu werden.

Leben, Wirken und Werk Platons

Platon wurde 427 v. Chr. als Sohn des *Ariston* und der *Periktione* geboren. Eigentlich hieß er wie sein Großvater „Aristokles“, doch seinem Ringlehrer verdankte er den Namen „Platon“, der Breitgebaute. Nach gut attischer Erziehung in den Elementarkenntnissen, in Gymnastik und Musik und nach jahrelangem Umgang mit Sokrates verbrachte Platon die Jahre nach dem Tod des Sokrates (399 v. Chr.) auf Reisen in Afrika (Kyrene), Italien (Besuch der Pythagoreer) und Ägypten. Nach seiner Rückkehr gründete er im Jahr 387 v. Chr. eine eigene Philosophenschule in einem Gymnasion (Sportstätte), das nach einem attischen Halbgott, dem Heros Akademos oder Hekademos, den Namen *„Akademie"* erhielt. Die Gründung der Platonischen Akademie ist die Geburtsstunde der europäischen Universität. Die Akademie zu Athen verstand sich als Lebens- und Lehrgemeinschaft von Philosophierenden; auch spezialwissenschaftliche, besonders mathematische Studien wurden dort betrieben. „Keiner trete hier ein, der nicht Mathematik betrieben hat", stand über der Akademie. Der Lehrbetrieb bestand aus Lehrvorträgen und Diskussionen, hatte also eine Form, wie sie bis zum heutigen Tag in den Vorlesungen und Seminaren unserer philosophischen Fakultäten praktiziert wird. Die Philosophengemeinschaft in der Akademie begann jeden Tag mit einem Opfer für die Musen, die Gottheiten von Kunst und Wissenschaft. (Um ein Musenheiligtum entstand übrigens auch die Bibliothek von Alexandrien, das berühmteste Zentrum wissenschaftlicher Sammler- und Forschertätigkeit in der Antike – daher der Name „Museum"!)

Nahezu tausend Jahre blieb die Platonische Akademie durch manchen Wandel und manche dogmatische Erstarrung hindurch bestehen. Im Jahr 529 n. Chr. wurde sie als letzte Bastion des Heidentums von einem christlichen Kaiser geschlossen. *Justinian* war es, der die heidnische Weisheit („sophiá“) verbot und gleichzeitig der christlichen Weisheit eine der herrlichsten Kirchen der Welt, die Hagia Sophia zu Konstantinopel (Istanbul), erbaute. Eine feine Ironie der Geschichte liegt darin, daß die christliche Hagia Sophia in ihrer Architektur einen Triumph der griechischen („heidnischen“) Geometrie darstellt, also indirekt eine Huldigung an den Geist der Platonischen Akademie. Ein merkwürdiger Zufall will es übrigens, daß das Schließungsjahr der heidnischen Akademie zugleich das Gründungsjahr für den neuen Bildungsträger des Abendlandes war. *Benedikt von Nursia* gründete 529 n. Chr. auf dem Monte Cassino ein Kloster. Die Benediktinerklöster wurden zu den großen Vermittlern antiker Bildung im mittelalterlichen Europa.

Platons philosophische Werke sind vollständig überliefert – ein einmaliger Glücksfall in der antiken Philosophie- und Literaturgeschichte. Seine *Dialoge* und *Briefe* sind in neun Tetralogien (9 x 4), also 36 Büchern, geordnet. Philosophie in Dialogen! Platon war nach antikem Urteil der Erfinder und hervorragendste Vertreter der neuen philosophischen Mitteilungsform „Dialog“. Der antike Philosophie-Historiker *Diogenes Laertios* charakterisiert das Wesen des philosophischen Dialogs folgendermaßen: „Der Dialog ist eine sich in Frage und Antwort abspielende Ausführung eines philosophischen oder politischen Themas unter angemessener Charakteristik der auftretenden Personen und gehöriger Rücksicht auf die sprachlichen Anforderungen." Er fährt fort: „Die Dialektik ist die Unterredungskunst, durch die wir etwas als richtig oder nichtig erweisen aufgrund des Frage- und Antwortverfahrens der Unterredner." Warum wählte Platon den Dialog als philosophisches Medium? In seinem berühmten 7. Brief vertritt er die Auffassung, es sei unmöglich, lebendiges Philosophieren schriftlich angemessen wiederzugeben. Das sich in Rede und Gegenrede entwickelnde philosophische Nachdenken entzieht sich einer systematischen schriftlichen Darstellung. Der Dialog stellt dagegen eine Art Abbildung der lebhaften philosophischen Erörterung dar.

Platons Ideenlehre

Es wäre vermessen, den geistigen Reichtum Platons auf ein paar Seiten darstellen zu wollen! Ein amerikanischer Philosoph hat treffend bemerkt, daß die gesamte philosophische Tradition Europas „aus einer Reihe von Fußnoten zu Platon bestehe". Der Philosoph Karl *Jaspers* würdigt Platon mit den Worten: „Platon lehrt die ewigen philosophischen Grunderfahrungen. In die Bewegung seines Denkens ist der ganze Reichtum der vorhergehenden griechischen Philosophie aufgenommen. ... Platon hat den Gipfel erklommen, über den – so scheint es – der Mensch im

Denken nicht hinauskommt." Platons Philosophie gipfelt in der *Ideenlehre*, sie ist seine Antwort auf das Philosophieren des *Sokrates*. Auf drei Wegen wollen wir uns diesem Gipfel nähern, drei Wegen, die sich an drei Dialogen Platons orientieren.

Knüpfen wir zunächst an das Beispiel des Generals Laches an, das der Leser als Muster sokratischer Methode kennengelernt hat. Der anschließende zweite Weg führt zu einem berühmten Gelage, bei dem man das Wesen des Eros zu ergründen sucht, der dritte Weg schließlich beginnt in Platons „Höhle" und führt zum Licht der Vernunft.

Die Ideenlehre am Beispiel des Dialogs „Laches"

Sokratische Dialektik treibt die Frage „Was ist Tapferkeit?" vorwärts; an verschiedenen Beispielen und Erscheinungen von Tapferkeit wird dem Allgemeinbegriff von Tapferkeit nachgejagt. Mit methodischer Strenge wird das jeweils Gefundene kritisiert, korrigiert, modifiziert und notfalls falsifiziert (verworfen). Am Ende steht das Gespräch gleichsam vor einer Mauer, die den Lauf der Gedanken zum Stehen bringt. Die allgemeinste begriffliche Klärung will nicht gelingen, das Denken endet in der Aporie.

Platon *überspringt* die Mauer. Er argumentiert, daß eine absolute Tapferkeit, also der allgemeinste

Begriff von Tapferkeit, in all den Einzelphänomenen (den verschiedenen Erscheinungsformen von Tapferkeit) nicht zu fassen und zu finden ist. In den Einzelerscheinungen der Welt ist Tapferkeit nur *relativ* anzutreffen. Da wir aber bei alledem, was wir *tapfer* nennen, sprachlich und denkerisch offenbar von einer gemeinsamen Grundvorstellung (der einen, jeweils identisch bleibenden Tapferkeit) ausgehen, muß es Tapferkeit *an sich* geben. Anderenfalls könnten wir unmöglich feststellen: Dies ist tapfer; dies nicht; jenes ist mehr, dieses minder tapfer usw. Da aber in der uns umgebenden Welt der Erscheinungen eine Tapferkeit *an sich* nicht feststellbar ist, muß es sich bei der „Tapferkeit an sich" um etwas Transzendentales handeln – etwas, das außerhalb der unvollkommenen und relativen Welt in einer *jenseitigen*, absoluten Welt angesiedelt ist. Diese jenseitige Welt ist nach Platon die Welt der Ideen (etwa: „Urbilder"). Dort existieren die gesuchten höchsten und allgemeinsten Begriffe als begriffliche Wesen. Die Ideen existieren also nicht nur im Denken; sie sind ein eigenes, höheres Sein. Mit *Parmenides* ist Platon der Auffassung, daß das, was nur dem reinen Denken erkennbar ist, gleichzeitig auch reines Sein haben muß, daß also Denken und Sein dasselbe sind.

Um es zu wiederholen: Der gesuchte allgemeinste Begriff der Tapferkeit ist nicht nur abstrakt, eine Definition, nein, er hat Existenz, existiert als ein transzendentes Wesen, d. h. als eine Idee in einer jenseitigen Welt. Unser Weg der

Erkenntnis wird damit radikal umgekehrt. Wir betrachten nicht – von den Einzelerscheinungen ausgehend – das Allgemeine, wir beschreiten nicht den Weg der Induktion, sondern unser Denken setzt bei der Idee an.

Damit ist der Ausgang des Denkens die wahre Wirklichkeit ewig gleichbleibender Seiendheiten (Ideen). Unsere Welt ist nur ein Abglanz, da sich in der Welt das reine Sein der Ideen nur unvollkommen realisiert. Im Reich der Ideen gibt es *die* Tapferkeit *an sich*, die Welt des Werdens und Vergehens kennt dagegen nur ein relativ Tapferes: Da ist einer tapfer, der andere nicht; die Tapferkeit des einen ist geringer (bzw. höher) einzuschätzen als die des anderen usw. Wie kommt das? Dies liegt nach Platon an der Art und Weise, wie weit die Erscheinungen der vergänglichen Welt (des Werdens und Vergehens) an der unsterblichen Welt der Ideen *teilhaben* (hier: an der Idee der Tapferkeit). Da der eine Mensch mehr, der andere weniger Anteil an der Idee der Tapferkeit hat, gibt es individuelle Unterschiede im Tapfersein. Somit gilt die Aussage: Durch die Existenz der Idee der Tapferkeit allein gibt es tapfere Handlungen. Platonisch formuliert: Durch das Tapfere an sich ist alles Tapfere (alles, was tapfer ist) tapfer. Platons Annahme von Ideen trennt und verdoppelt die Welt in eine Ideenwelt des absolut Seienden und die Welt der Erscheinungen mit ihrem relativ Seienden. Platon nennt diese Trennung „chorismós“. Die Positionen von *Parmenides* und *Heraklit* sind hiermit in *ein* System gebannt und zusammengezwungen. Das parmenideische absolute Sein entspricht der Ideenwelt, das herakliteische Werden und Vergehen der vergänglichen Welt der Erscheinungen. Absolutes Sein und ewiges Werden kommen im platonischen Dualismus von Idee und Einzelding, Vollkommenheit und Unvollkommenheit, Urbild und Abbild, Sein und Schein zusammen.

Die Ideenlehre am Beispiel des Dialogs „Symposion"

Der Dialog „Symposion" versetzt uns in die bunte Szenerie eines attischen Gastmahls. Die Teilnehmer wählen als Thema ihrer Unterhaltung das Wesen der Liebe. Die Reden über Gott *Eros* gipfeln in den Worten des *Sokrates* über den philosophischen Eros. Eros sei es, der den Menschen durch die Liebe zum Schönen zur höchsten Erkenntnis führe. „Will jemand den rechten Weg zum Wesen der Liebe einschlagen, so muß er als junger Mensch damit beginnen, sich den schönen Körpern zuzuwenden." Mit diesen Worten leitet Sokrates einen Stufenweg ein, der von der körperlichen zur geistigen Liebe und schließlich zur Idee des *Schönen* führt. Am Ende des Erkenntnisprozesses steht das Mysterium der Ideenschau; plötzlich erblickt man „etwas seinem Wesen nach wunderbar Schönes". Es ist das Schöne an sich, die Idee:

„Das Schöne ist ewig seiend, weder geworden noch vergänglich, weder wachsend noch abnehmend, nicht in einer Hinsicht schön und in anderer häßlich ...
Das Schöne erscheint nicht wie ein Gesicht, wie Hände oder irgendein anderer Körperteil, auch nicht wie ein Wort oder eine Erkenntnis, auch nicht, als wäre es an einem anderen enthalten, sondern als das Schöne selbst, das an sich und mit sich ewig einer Gestalt ist".

Fragt man, warum die Erkenntnis des göttlichen Schönen plötzlich, ja sprunghaft erstrahlt, so bedarf es zum besseren Verständnis eines Hinweises auf Platons Theorie der *Wiedererinnerung* („anámnesis") und des *Lernens.* Lernen und Erkennen sind nach Platon nichts anderes als die Erinnerung unserer Seele an jene Erkenntnisse, die sie während ihrer Präexistenz gewonnen hat. Die Seele wohnte während ihrer Präexistenz bei den unsterblichen Ideen und schaute diese. Als sie in den Körper eintrat, vergaß sie die Erkenntnisse, die nunmehr mit Hilfe des Eros in der plötzlichen Schau der Idee freigesetzt werden.

Die Ideenlehre am Beispiel des Höhlengleichnisses

Zum Schluß der dritte Weg zum platonischen Gipfel! Die Dreizahl unserer Erklärungsversuche entspricht der Dreizahl der Gleichnisse, mit denen

Platon in seinem Dialog *„Politeia“* („Staat“ oder „Staatsverfassung“) die Ideenlehre entfaltet.

Die „Politeia“ steht im Zentrum von Platons literarischem Schaffen. In ihr wird die kühne These aufgeworfen, daß ein Staat erst dann vollkommen sein werde, wenn entweder die Herrscher Philosophen oder die Philosophen Herrscher sind. Das Bild des Idealstaats ist aber nicht das Hauptanliegen des Dialogs. Die Diskussion geht von der Frage nach dem Wesen der *Gerechtigkeit* aus. Da ein Bestimmungsversuch (im 1. Buch) scheitert, sucht man als Ausweg aus der Aporie einen methodischen Umweg. Gerechtigkeit sei in dem größeren Organismus „Staat“ („pólis“) leichter zu erkennen als beim Einzelmenschen. Daher läßt man in Gedanken einen Stadtstaat entstehen, entwirft das Modell einer Polis. Die Notwendigkeit des Staats überhaupt wird bei Platon aus der fehlenden Autarkie („Selbstgenügsamkeit“) des Einzelmenschen und der hieraus resultierenden Notwendigkeit der Arbeitsteilung abgeleitet.

Um die Staatskonstruktion kurz zu streifen: Platon unterscheidet drei Stände: die Herrscher, die Wächter und die Bauern bzw. die Handwerker. Die Harmonie dieser drei Stände ist der Zustand der Gerechtigkeit. – Eine Fülle weiterer politischer Themen wird in Platons „Politeia“ diskutiert, darunter revolutionäre Thesen, wie:

- die Gleichberechtigung von Mann und Frau,
- die Abschaffung des Eigentums und die Einführung eines Güterkommunismus,
- die Weiber- und Kindergemeinschaft.

Es sind dies Thesen, die in der europäischen Geschichte immer wieder theoretisch und praktisch aufgegriffen werden sollten (man denke z. B. an die Wiedertäufer oder an den Sozialismus) und die besonders auch die literarische Tradition der sogenannten Staatsutopien (seit Thomas *Morus' „Utopia")* angeregt haben.

Ein Grundzug der „Politeia" ist der Erziehungsgedanke; der große Pädagoge Platon weist auf die Notwendigkeit einer sorgfältigen *Elitebildung* hin: nur vollkommene Führer können einen vollkommenen Staat leiten. Der Bildungsgang der späteren Herrscher führt zur Erkenntnis der absoluten Wahrheit in der Ideenlehre. Wer ein Staatswesen in Gerechtigkeit leiten will, muß die höchste Idee, die Idee des Guten (Gott), erkannt haben, da die Idee des Guten für die Idee der Gerechtigkeit konstitutiv ist. Dieses Hauptstück des Platonismus wird u. a. in dem berühmten *Höhlengleichnis* (7. Buch der „Politeia") anschaulich gemacht. Folgen Sie also bitte in Platons Höhle, lieber Leser!

„Stelle dir Menschen in einer unterirdischen, höhlenartigen Behausung vor ..." So beginnt die grandiose Bildersprache des Höhlengleichnisses. In der Höhle befinden sich gefesselte Menschen, die nur Schattenbilder, die ein Feuer an die Höhlenwand wirft, wahrnehmen können. Mit Notwendigkeit halten die gefesselten Höhlenbewohner diese Schattenbilder für die Wahrheit. Befreit man sie von ihren Fesseln, so daß sie das Feuer selbst wahrnehmen können, sind sie zunächst nicht in der Lage, die Wirklichkeit und Wahrheit der Höhle zu erfassen, ja, sie ziehen die Schattenbilder der Wirklichkeit vor. Werden diese Menschen aus der Höhle ans Sonnenlicht geschleppt, so sind ihre „Augen vom Glanz völlig geblendet", wie Platon schreibt. Um Wirklichkeit und Wahrheit der Welt zu erkennen, bedürfen die aus der Höhle emporgestiegenen Menschen langer Übung und Gewöhnung.

Das Höhlengleichnis beschreibt vier Stufen des Erkenntnisweges bis zur höchsten Idee. Auf diesen Stufen steigt der zur Wahrheit befreite und mit pädagogischer Gewalt geführte Philosoph aus dem Reich des Sichtbaren (der Welt der Höhle) zum Reich des Denkbaren hinauf.

Dieser Bildungsprozeß wird von Platon als Umlenkung und Umkehr, ja als „Bekehrung" verstanden: weg vom Abglanz, Schein und Schatten hin zum Licht der Vernunft, zur Wirklichkeit, zum Sein. Der Aufstieg zur Idee ist aber nicht nur individueller Weg zum höchsten Glück, vielmehr verpflichtet die Ideenerkenntnis den Philosophen, „in die Höhle" (d. h. konkret: zum Regierungsgeschäft) zurückzukehren. Nur eine Zeitlang darf der Philosoph im Licht der Ideen wohnen, dann muß er sich an den Abstieg in die Höhle machen, um das Amt des Philosophenherrschers auszuüben.

Theorie und Praxis haben hier also zueinandergefunden – allerdings nur im theoretischen Entwurf der „Politeia"; in der politischen Realität scheiterte Platon.

Den Philosophenherrschern aber verheißt die „Politeia“ für die Mühsal ihrer „vita activa“ ein Leben auf den *Inseln der Seligen.*

Platon überwand die sokratische Aporie durch seine Lehre von den Ideen, die als absolutes Sein die Welt der Erscheinungen bedingen.
Platons Philosophie hat sich im philosophischen Dialog (z. B. „Phaidon“, „Symposion“, „Politeia“) eine eigene literarische Kunstform geschaffen.
Die Gründung einer Philosophenschule, der „Akademie“ in Athen, bedeutete die Geburtsstunde der europäischen Universität.

Die Realität – Aristoteles

Platon – ein faszinierender Gipfel des Geistes. Ausgerechnet sein bedeutendster Schüler, der zwanzig Jahre mit ihm geforscht und nachgedacht hatte, einer der brillantesten literarischen Vertreter der Akademie, ausgerechnet Aristoteles war es, der dem Ideenflug der Akademie abschwor.

Wenn *Aristoteles* in seinen naturkundlichen Schriften davon spricht, welche Freude die Betrachtung selbst unscheinbarer Lebewesen dem echten Forscher bringt („In jedem Geschöpf der Natur liegt etwas Wunderbares"), so wird deutlich, daß er die platonische Verdammung der sichtbaren Welt und der empirischen Erkenntnis nicht teilen konnte. Die Liebe zu den *Einzeldingen*, die liebevolle und exakte Betrachtung des *Einzelwesens* lag dem Arztsohn Aristoteles offenbar im Blut. Auch als Platonschüler konnte er auf Dauer nicht seine Sinne vor dem Werden und Vergehen in der Welt verschließen. Die Abwertung der sichtbaren Welt durch Platons Philosophie forderte eine Überwindung. *Platon* hatte die diesseitige Welt („die Höhle") auf dem Weg der Erkenntnis verlassen. Aristoteles bleibt – im Bilde gesprochen – in der Höhle und erforscht sie *wissenschaftlich*. Sein scharfsinniger Geist nahm Anstoß an einem Dualismus, der die Welt der Einzeldinge einer höheren Welt der Ideen unterordnete. In einem der ältesten Teile seiner Metaphysik unterzieht daher Aristoteles die Ideenlehre einer bestechend nüchternen Kritik:

„In die größte Verlegenheit kommt man bei der Frage, was denn die Ideen zur Existenz der sinnlich wahrnehmbaren Dinge beitragen – sowohl der ewigen (Himmelskörper) als auch derjenigen Dinge, die entstehen und vergehen. Denn die Ideen verursachen weder ihre Bewegung noch irgendeine Veränderung an ihnen. Ja, sie verhelfen nicht einmal zum wissenschaftlichen Verständnis der Dinge ... noch auch zu ihrer Existenz, da sie den Dingen, die an ihnen ‚teilhaben', nicht innewohnen. Auch kann man die Dinge nicht nach irgendeiner der üblichen Methoden aus ihnen ableiten. Wenn man aber sagt, die Dinge hätten an ihnen Vorbilder und sie hätten teil an ihnen, so sind das nichts als leere Worte und poetische Bilder."

Nach unserer Überlieferung soll es bereits zu Lebzeiten Platons zu einer Entfremdung zwischen Lehrer und Schüler gekommen sein. Platons Kommentar: „Aristoteles hat gegen mich ausgeschlagen wie ein junges Füllen gegen die eigene Mutter." In der Tat, Aristoteles reißt das platonische Ideengebäude ein. Das gedachte Allgemeine an den Dingen ist nicht selbst eine Substanz, die in transzendentaler Ferne existiert, so lautet die Kritik des Aristoteles. Um die Welt zu erkennen, muß man sie nicht verdoppeln. Einzig aus den Einzeldingen gewinnen wir eine Erkenntnis des Allgemeinen. Es gibt also nach Aristoteles kein Allgemeines (wie die platonischen Ideen) *neben* oder *über* den Einzeldingen. Das Einzelding gewinnt seinen erkenntnistheoretischen Wert zurück. Sind aber die Einzeldinge der philosophischen Betrachtung wert, so ist damit die Wissenschaft auf ihren Königsthron gesetzt. Konsequenterweise wird in der Schule des Aristoteles die wissenschaftliche Einzelforschung in großem Stil betrieben. Mit der Abkehr von der Ideenlehre beginnt der europäische Wissenschaftsbetrieb: Zum ersten Mal in der Geschichte Europas wird organisiert und systematisch geforscht.

Das Leben des Aristoteles

Aristoteles, der nach seinem Geburtsort *Stagira* auch den Beinamen „der Stagirit" trägt, wurde 384 v. Chr. auf der Halbinsel Chalkidike geboren. Sein Vater *Nikomachos* entstammte einer alten Arztfamilie und war Leibarzt und Freund des Königs *Amyntas* von Mazedonien. Vielleicht verlebte Aristoteles seine Kindheit am mazedonischen Hof zu Pella. Nachdem seine Eltern früh verstorben waren, wurde er bei einem Vormund erzogen. Mit 17 Jahren trat Aristoteles in die *Akademie* zu Athen ein. Zwanzig Jahre blieb er Akademiker und machte sich mit seinen Dialogen als literarischer Vertreter der Philosophenschule eine großen Namen. In der Akademie lehrte er insbesondere Rhetorik. Als nach Platons Tod die Leitung der Akademie an Platons Neffen *Speusippos* fiel, schloß sich Aristoteles einem Kreis von Akademikern an, der sich um den Fürsten *Her-*

meias in der kleinasiatischen Landschaft Troas gebildet hatte. Hermeias' Verwandte *Pythias* wurde Aristoteles' Frau. Nach kurzem Aufenthalt in Mytilene (auf der Insel Lesbos) wurde Aristoteles im Jahre 342 v. Chr. durch *Philipp von Mazedonien* zum Prinzenerzieher des dreizehnjährigen *Alexander* berufen.

Aristoteles und Alexander! Die Begegnung des universalen Philosophen mit dem späteren Beherrscher eines universalen Reichs hat schon häufig die Phantasie der Interpreten zu wilden Spekulationen getrieben. Etwa zu der, Alexander habe die praktische und Aristoteles die theoretische Welteroberung geleistet ... Richtig ist wohl, daß der weltgewandte vierzigjährige Philosoph bedeutenden Einfluß am Hof von Pella gewann. Er erfüllte den jungen Alexander mit hellenischem, besonders homerischem Geist (Alexander verstand sich als zweiter Achill!); auch die panhellenische Politik der Mazedonen fand in Aristoteles einen energischen Befürworter. Möglicherweise spielte Aristoteles auch mit dem Gedanken, eine Verbindung von politischer Theorie und politischer Praxis herzustellen, wie sie Platon verwehrt geblieben war. Vielleicht ist seine Schrift „Über das Königtum" dem jungen Kronprinzen gewidmet. In ihr wird das Verhältnis Herrscher – Philosoph neu diskutiert. Im Gegensatz zu Platons utopischer These vom Philosophenherrscher erklärt Aristoteles mit realistischem Gespür: „Philosophie zu treiben ist für einen König nicht nur nicht notwendig, sondern sogar hinderlich;

dagegen soll er auf wirkliche Philosophen hören und ihnen folgen." Als sich der junge König der Mazedonen der Eroberung der Oikumene (der bewohnten Welt) zuwandte, begab sich der Philosoph nach Athen, um seine philosophische Weltdurchdringung fortzusetzen und zu intensivieren: 335 v. Chr. gründete er im *Gymnasion Lykeion,* das seinen Namen nach Apollo Lykeios trug, die zweite bedeutende Philosophenschule der Antike. Organisiert war sie ähnlich wie die Akademie. Sie war eine Gemeinschaft von Lehrenden und Lernenden, eine kleine Gelehrtenrepublik um ein Musenheiligtum (mit Bibliothek und Sammlungen). Den Namen *„Peripatos"* erhielt die Schule entweder nach ihren Wandelgängen oder nach der Gewohnheit des Aristoteles, im Umherwandeln zu lehren. Die Jünger der Schule hießen *Peripatetiker*; der zweite Name der Schule, Lykeion oder lateinisch „Lyceum", gab dem späteren „Lyzeum" seinen Namen.

Der Peripatos überflügelte bald die Akademie, wurde er doch von Platons genialstem Schüler geleitet. Aristoteles verstand es, seine Schüler zu echter Universalität des Forschens auf allen wissenschaftlichen Gebieten anzuregen. Die Bedeutung des Philosophen liegt also nicht allein in der Universalität seines eigenen Geistes, der alles Wissen der Zeit umfaßte (wie später noch einmal *Leibniz*), sondern auch in seiner exzellenten Begabung, den Wissenschaftsbetrieb am Lykeion zu organisieren. Für die Anfänger gab es einen geordneten Studiengang, während sich die

Fortgeschrittenen unter ihrem „spiritus rector" Aristoteles zur wissenschaftlichen Arbeit an den unterschiedlichsten Problemen versammelten. Aus dieser wissenschaftlichen Spezialforschung des Peripatos entstanden nach Aristoteles die *Einzelwissenschaften.*

Zwölf Jahre stand Aristoteles an der Spitze seiner Schule, bis nochmals die enge Verbindung zum mazedonischen Hof seinen Lebenslauf bestimmte: 323 v. Chr. stirbt *Alexander der Große* mit 33 Jahren am Sumpffieber, sein Weltreich geht in den Kämpfen der Diadochen (Nachfolger) unter. Als die Botschaft vom Tod des Königs in Athen eintrifft, sieht die antimazedonische Partei die Stunde der Rache gekommen. Aristoteles drohte als Freund der Mazedonen - nach „bewährtem" Muster - ein Asebieprozeß. Daher floh der Philosoph nach Euböa. Er wollte den Athenern, wie er sagte, „nicht Gelegenheit geben, sich zum zweitenmal an der Philosophie zu versündigen". Wenige Monate später stirbt er in Chalkis an einem Magenleiden (322 v. Chr.). Sein Leichnam wurde nach Stagira überführt, wo man ihm heroische Ehren erwies.

Das Werk des Aristoteles

Das Werk des Aristoteles belegt die Universalität seines Denkens und Forschens; auf rund 400

Schriften schätzt man sein Oeuvre: *Dialoge, Prosa, Briefe, Poesie.* Ein antiker Rekordjäger will 445 270 Zeilen Aristoteles gezählt haben! Ähnlich wie bei *Platon* unterscheiden wir auch bei Aristoteles *exoterische* und *esoterische* Schriften.

Die exoterischen Schriften waren für ein breiteres Publikum außerhalb des Peripatos bestimmt. Leider sind diese Werke, vor allem die Dialoge (deren Stil *Cicero* rühmte), bis auf wenige Fragmente verlorengegangen. Ein Dialog hatte – bevor er verlorenging – eine ganz besondere Wirkung entfaltet: Der „Protreptikós" („Hinführung, Mahnung zum Philosophieren") war Vorbild und Vorlage für Ciceros berühmten „Hortensius", durch den ein junger Mann im 4. nachchristlichen Jahrhundert zur Philosophie bekehrt wurde. Der spätere Christ gesteht in seinen autobiographischen „Confessiones" („Bekenntnissen"): „Dieses Buch änderte meinen Sinn und wandte mein Gebet zur Dir, o Herr; es gab meinen Wünschen und meiner Sehnsucht eine andere Richtung. Wertlos ward mir plötzlich alle eitle Hoffnung; mit unglaublicher Glut des Herzens trachtete ich nach unsterblicher Weisheit und begann mich zur Rückkehr zu Dir aufzuschwingen." Es war der große Kirchenvater *Augustinus*, der sozusagen auf den Schultern von Cicero und Aristoteles steht.

Die esoterischen (für die Eingeweihten bestimmten) Schriften des Aristoteles sind überwiegend Lehrschriften oder Vorlesungsskripten, die dem Wissenschaftsbetrieb des Peripatos entstammen. Ihre schwerverständliche Prosa wurde schon von so manchem Philologen verwünscht, doch die Präzision des Denkens, die Klarheit der Methode und die Redlichkeit beim Umgang mit der Wahrheit können an diesen nüchternen Prosaschriften ebenso begeistern wie der poetische Zauber Platonischer Dialoge.

Die Aristotelische Logik

Wie seine Philosophie insgesamt, so stellt die *Logik* des Aristoteles die Summe des formalen Denkens bei den Griechen dar. Sein genialer Wurf brachte Aristoteles den ehrenvollen Namen „Vater der Logik" ein. Die Logik gibt mit ihren Denkregeln und Denkgesetzen das scharf geschliffene Werkzeug für alles wissenschaftliche, d. h. methodische Vorgehen. „Organon" (Werkzeug) haben spätere Generationen die Aristotelische Logik treffend genannt. Im Zentrum der Analytik (so nennt Aristoteles die formale Logik) steht die Lehre von Schluß und Beweis. Die Lehre von den Schlüssen, die sogenannte *Syllogistik*, hat er systematisch entwickelt und zur Vollendung gebracht. Ein Syllogismus ist der logische Schluß vom Allgemeinen auf das Besondere: ein Obersatz wird über einen Mittelbegriff mit einem Untersatz logisch verknüpft, so daß sich die neue Aussage zwingend ergibt. Der Schluß(-satz) beruht also – kurz gesagt – auf zwei Prämissen (Voraussetzungen). Berühmtes und vielzitiertes Beispiel ist folgender Syllogismus:

Alle Menschen sind sterblich. = Obersatz
Sokrates ist ein Mensch. = Untersatz
- -
Sokrates ist sterblich. = Schlußsatz

Daß die moderne Logik derartige Schlüsse als „tautologisch“ kritisiert, da etwas erschlossen werde, was in den Prämissen schon enthalten sei (Sokrates fällt ja bereits unter den Obersatz „Alle Menschen …“), sei am Rande vermerkt. Um die logisch präzise Untersuchung in formaler Hinsicht zu vereinfachen, definierte Aristoteles zehn verschiedene logische Aussageformen, die sogenannten *Kategorien.* Er unterschied die Kategorie der Wesensaussage als erste Kategorie („ousía“, „substantia“) von den neun anderen Kategorien, die die wechselnden Zustände und Beziehungen eines Einzeldings (seine Akzidentien, wie z. B. Quantität, Qualität, Relation) beschreiben. Die Unterscheidung zwischen der *ersten* und den übrigen Kategorien leitet von der Logik zur *Ontologie* und *Metaphysik* des Aristoteles über.

Die Metaphysik des Aristoteles

Das wahrhaft Wirkliche ist nach Aristoteles einzig und allein das *Einzelwesen.*

In ihm verwirklicht sich die allgemeine Bestimmung („*eidos*" oder „*ousía*"), unbeschadet der wechselnden Zustände und Beziehungen des Einzelwesens. So kann z. B. das Wesen eines Baumes unabhängig von seinem Alter, Standort, jahreszeitlichen Zustand usw. an einem einzelnen Baum studiert werden.

Betrachten wir dieses aristotelische Theorem unter philosophiegeschichtlicher Perspektive: Aristoteles denkt im Einzelwesen das parmenideische Sein und das herakliteische Werden zusammen. Trotz aller prinzipiellen Kritik an *Platon* hält im Grunde auch er an dem *Dualismus* von Sein und Werden fest, denkt diesen Dualismus aber nicht wie Platon in zwei Welten auseinander, sondern zentriert ihn auf das Einzelding. Es bedarf also nicht einer Idee des Baumes, um den einzelnen Baum auf einer Wiese vollgültig zu erkennen und zu bestimmen. Die Wesensform ist den Einzeldingen immanent, nicht transzendent. Nachdenken über die Substanz (die erste Kategorie) ist wesentlicher Gegenstand der Aristotelischen Metaphysik oder – wie Aristoteles sie nannte – der „ersten Philosophie" bzw. „Theologie". Denn das Wort „Metaphysik" war ursprünglich nur ein editorischer Hilfstitel, eine Art bibliothekarische Standortangabe für die Bücher über die erste Philosophie. „tà metà tà physiká" bedeutet: „Die Bücher (die) nach der (den Büchern über) Physik (kommen)". Da aber in diesen Büchern das Seiende an sich Gegenstand der Betrachtung ist und damit der Bereich der physikalischen Erklärung überschritten („transzendiert“) wird, wurde aus der Notlösung des Herausgebers ein treffender Fachausdruck. Aus einer Standortangabe wurde *die* Metaphysik.

Aristoteles untersucht das Einzelding (das, was ist) unter zwei prinzipiellen Aspekten: als Stoff und als Form, als zugrundeliegendes Substrat und als prägende Substanz (oder verkürzend: als *Materie* und *Geist*). Die Form eines jeden Dings (die als logische Aussage sein Wesen wiedergibt) ist die eigentliche Verwirklichung von Materie: Form ist Wirklichkeit. Denn Materie („hýle“) entwickelt sich nur unter Wirkung der Form zu einem konkreten Einzelding. Materie stellt nur eine *Möglichkeit* des Seins dar (eine „Potenz“), es bedarf der Form, daß sich ein materielles Substrat zur Wirklichkeit entfaltet (sich „aktualisiert“). Stoff und Materie tragen also bei Aristoteles den Stempel des „noch nicht“, Materie ist Möglichkeit oder genauer: „das der Möglichkeit nach Seiende“ (griech. „dynamis“, lat. „potentia“). Die Form dagegen ist „das der Wirklichkeit nach Seiende“ (griech. „energeia“, lat. „actus“). Um es in abstrakter Begrifflichkeit zu wiederholen: Aristoteles unterscheidet potentiell Seiendes (Materie) von aktuell Seiendem (Form).

Erholen wir uns bei einem Beispiel, das Aristoteles selber gibt:

„Wer bei der Definition des Hauses sagt, es bestehe aus Steinen, Ziegeln, Balken, der bestimmt das Haus nach seinem potentiellen Sein: denn das ist seine Materie. Wer es dagegen als einen geschlossenen Raum

zum Schutz von Personen und Sachen definiert und etwa noch andere derartige Bestimmungen hinzufügt, der bestimmt es nach seinem aktuellen Sein."

Das Einzelding existiert also nicht dadurch, daß es an einer jenseitigen platonischen Idee irgendwie teilhat, sondern im Einzelding ist mögliches Sein zur Wirklichkeit gelangt. Die Form gibt der Materie ihr Wesen, das logisch als Wesensbestimmung ausgesagt werden kann. Diese verwirklichte Form nennt Aristoteles „energeia"; betrachtet er das Einzelding unter dem Endzweck, der sich in ihm realisiert, gebraucht er den Begriff der „Entelechie".

Was aber bewirkt den Übergang von Möglichkeit zu Wirklichkeit, von Potenz zu Akt, von Stoff zu Form? Bewirkende Kraft ist die „Bewegung" oder „Veränderung". Bewegung definiert Aristoteles in seiner Physik als „das Wirklichwerden des Möglichen" – worin der alte Begriff des Werdens bewahrt und aufgehoben ist! Die Bewegungsursache (lat. „causa movens") ist es, die unablässig die Konstitution der Einzeldinge hervorruft. Letzter Grund für diese Bewegung ist die Gottheit, der Motor allen Seins in der Welt.

Gott, der *unbewegte Beweger,* ist im geozentrischen Weltbild des Aristoteles zugleich jene Kraft, von dem die Fixsternsphäre (die äußerste Sphäre des Kosmos) ihre Bewegung erhält:

„Es gibt etwas, das in unaufhörlicher Bewegung begriffen ist – und zwar in einer Kreisbewegung. Das ist nicht nur eine einleuchtende Theorie, sondern eine klare Tatsache. Also ist der erste Himmel (die Fixsternsphäre)

ewig. Folglich muß es auch etwas geben, das ihn in Bewegung setzt. Da aber dasjenige, was bewegt wird und zugleich selbst Bewegung verursacht, etwas Mittleres ist, muß es auch etwas geben, was Bewegung verursacht, ohne selbst bewegt zu werden – und zwar muß dieses ewig … sein."

(Aristoteles: „Methaphysik")

Ethik und Politik des Aristoteles

Wie andere griechische Philosophen betrachtete auch Aristoteles die *Glückseligkeit* („eudaimonía") als das Ziel menschlichen Strebens. Er bestimmt dieses höchste Gut als das eigentümliche Gut, das im Menschen zu verwirklichen ist. Dieses eigentümliche Gut ist die *Vernunft* des Menschen, die am angemessensten in tugendhaftem, sittlichem Handeln betätigt wird. Glückseligkeit ist also Tugend. Doch im Gegensatz zu späteren, rigorosen ethischen Konzeptionen der Glückseligkeit (wie z. B. der Stoiker) erkennt Aristoteles auch die traditionellen Vorstellungen von „Glück" insofern an, als er einräumt, daß Lebensalter, Lebensreife, äußere Güter (Reichtum, Gesundheit) Nebenbedingungen der „eudaimonia" seien. Sie können nämlich Störungen der vollendeten Glückseligkeit bewirken, wenn an ihnen ein Mangel auftritt. Bei der Definition des richtigen sittlichen Verhaltens folgt Aristoteles ganz dem „common sense“ (gesunden Menschenverstand), indem er es als Mitte zwischen Extremen (Tapferkeit z. B. als Mitte zwischen Feigheit und Wagemut) bestimmt.

Glückseligkeit kann der Mensch – und hier erfolgt nun die Verklammerung von Ethik und Politik! – nur in der staatlichen Gemeinschaft vollkommen erlangen. Zur ethischen Natur des Menschen gehört die Geselligkeit mit anderen. Deshalb endet die Nikomachische Ethik des Aristoteles konsequenterweise mit der Frage nach der Gesetzgebung und „überhaupt der Frage nach dem Staat, damit auf diese Weise sich die Wissenschaft vom Menschen nach Kräften vollende“.

Das politische Werk des Aristoteles, die *„Politiká“*, beruht auf empirischem Material – ganz anders als Platons „Politeia“. Mitglieder des Peripatos sammelten alle Staatsverfassungen, deren sie habhaft werden konnten. Von 158 Verfassungen wissen wir, wir besitzen aber nur eine einzige (seit dem Ende des 19. Jahrhunderts), die „Staatsverfassung der Athener“. Die übrigen, die uns auch aus historischen Gründen brennend interessieren würden, sind (bis jetzt) verschollen. Auf der empirischen Basis dieses Verfassungsmaterials und auf der Grundlage seiner politischen Erfahrung entwarf Aristoteles seine politische Theorie. Allgemein bekannt ist die Definition des Menschen als eines „zóon politikón“ (lat. „animal sociale“). Genaugenommen besagt die Definition des Stagiriten, daß der Mensch ein Lebewesen ist, das sich nur in der Polis verwirklichen kann. Wie die meisten Griechen der klassischen Zeit konnte sich Aristoteles – trotz seiner Nähe zu den Mazedonen – ein sinnvolles politisches Leben nur in der kleinen und vor allem überschaubaren Polis vorstellen. Formulieren wir das ethisch-politische Menschenbild des Aristoteles mit Hilfe seines Potenz-Akt-Schemas, so heißt das: Die Möglichkeiten des Menschen verwirklichen und aktualisieren sich einzig in menschlicher Gemeinschaft; nur dort erfüllen sich die im Menschen angelegte Rationalität und Sittlichkeit.

Großen Raum in der „Politik“ des Aristoteles beanspruchen die verschiedenen *Staatsformen*, die von der Antike bis *Marx* das klassische Thema einer jeden Staatstheorie bleiben. Aristoteles unterschied drei positive von drei negativen Staatsformen:

Positiv		*Negativ*
Monarchie	–	Tyrannis (Despotie)
Aristokratie	–	Oligarchie
Demokratie	–	Pöbelherrschaft (Ochlokratie)

Auch der Entwurf einer Mischverfassung (der Kompromiß zwischen den verschiedenen Verfassungsformen) findet sich bei ihm und wirkt über den Peripatos und *Polybios* auf *Cicero* weiter. Die Lehre von den *drei Gewalten* (bei Montesquieu klassisch formuliert) zeigt sich in Ansätzen bereits im 4. Buch der Aristotelischen „Politik“.

Zur Wirkungsgeschichte des Aristoteles

Unüberschaubar ist die Wirkung des Philosophen Aristoteles auf die europäische und islamische Geistesgeschichte; mit Recht behauptet ein Schulbuch: „Auf ihm fußt man oftmals, ohne sich dessen bewußt zu werden." Einige Stationen seiner Wirkungsgeschichte seien exemplarisch genannt.

Im 1. Jahrhundert vor Christus setzt die Kommentierung der (wiederentdeckten) Schriften ein. Noch *Boethius* arbeitet in der Spätantike an einem Aristoteles-Kommentar. Durch arabisch-jüdische Tradition wird Aristoteles dem Abendland wieder im 12. Jahrhundert bekannt und im 13. Jahrhundert im theologisch-philosophischen Werk des *Thomas von Aquin* (er war *der* Philosoph des Mittelalters!) rezipiert. Seitdem wirkt Aristoteles über scholastische und thomistische Traditionen auf das europäische Denken (z. B. auf *Melanchthon* und *Leibniz).*

Wir haben die „Poetik" („Dichtkunst") des Aristoteles nicht eigens erwähnt, daher sei an dieser Stelle auf ihre Rolle in der Kunstdiskussion der Neuzeit hingewiesen. Die theoretischen Auseinandersetzungen um das Theater der Aufklärungszeit gehen von der Poetik des Aristoteles aus, berühmt-berüchtigt ist der Streit um die Tragödiendefinition des Aristoteles. Ja, in der Debatte um episches und aristotelisches Theater (Bert

Brecht) hat die „Poetik" des Stagiriten noch im 20. Jahrhundert eine bedeutende Rolle gespielt.

Aristoteles nahm die platonische Trennung von Idee und Welt zurück. Nach seiner Auffassung ist das Allgemeine einzig am Einzelding zu erkennen. Bei diesem unterscheidet er Stoff (Potenz) und Form (Akt). Stoff ist mögliches Sein, das durch das Prinzip der Bewegung zu voll verwirklichtem Sein gebracht wird.
Diese neue Sicht des Einzeldings machte den Weg zu seiner wissenschaftlichen Erforschung frei. In der Schule des Aristoteles (Peripatos) erhielt die Einzelforschung auf sämtlichen Gebieten der Natur- und Geisteswissenschaften mächtige Impulse.

Der Mensch und sein Glück – hellenistisch-römische Philosophie

Um 300 v. Chr. tobte in der griechischen Welt die Auseinandersetzung um das Erbe Alexanders; das universale Reich zerfiel in die Machtzentren der Diadochen (Griechenland, Syrien, Ägypten). Der endgültige Untergang der griechischen Stadtstaaten und die politischen Erschütterungen in den Königreichen führten zur Zerrüttung vieler Einzelexistenzen. Der alte Götterglaube schwand; der vom Schicksal geprüfte Mensch suchte nach innerem Halt und neuer Orientierung. Der Gebildete fand seinen Glauben in den Philosophenschulen des Hellenismus: diese schenkten ihm Heil und Erlösung von seinen Ängsten.

Eine Philosophie, deren Hauptgegenstand die praktische Lebensbewältigung des Menschen ist, wendet sich naturgemäß von den theoretischen Fragen der Naturphilosophie (Physik) und Erkenntnistheorie (Logik) ab. In ihrem Zentrum steht die praktische Philosophie, die *Ethik*. In ihren verschiedenen ethischen Theorien versprachen die großen Philosophenschulen Gesundheit der Seele, Befreiung von Lebensängsten und Todesfurcht, sie versprachen Heiterkeit und Gelassenheit angesichts einer Welt, in der die Schicksalsgöttin Tyché regiert. Philosophie war Religionsersatz geworden; ihren Jüngern versprach sie ein glückseliges Leben („eudaimonía“). Und tatsächlich fanden die gebildeten Griechen der Stadtstaaten, die Eliten der Diadochenreiche und die führenden Köpfe des Imperium Romanum durch die Philosophie ihren Seelenfrieden. Besonders die römische Aristokratie, die am Ende der republikanischen Epoche (2./1. Jh. v. Chr.) die innere Krise des römischen Staates meistern mußte, suchte nach neuen Normen in der Philosophie der Griechen.

Einer der gebildetsten und sensibelsten Vertreter der römischen Elite, *Marcus Tullius Cicero*, spricht in einem Hymnus auf die Philosophie aus, welche Lebensmacht die Philosophie für ihn und seine Zeit geworden ist:

„O Philosophie, ..., wessen Hilfe sollen wir denn anrufen, wenn nicht die Deine, die Du uns die Ruhe des Lebens geschenkt und den Schrecken des Todes genommen hast?“

(„Gespräche in Tusculum“ V, 5)

Hundert Jahre nach Cicero schrieb der römische Staatsmann und Philosoph *Seneca*: „Ohne Zweifel verdanken wir das Leben einem Geschenk der ewigen Götter, das *richtige* Leben aber der Philosophie.“ In der Philosophie fand auch der römische Kaiser *Marc Aurel* Trost und Stärke, um seinem Herrscheramt gewachsen zu sein:

„Alles Körperliche ist ein Fluß, alles Seelische ein Traum und Wahn, das Leben Krieg und Aufenthalt eines Fremden, der Nachruf Vergessenheit. Was vermag uns da zu leiten? Einzig und allein die Philosophie.“

Ein *Epikur* schließlich schärfte seinen Schülern immer wieder ein, daß die Philosophie von zwei existentiellen Ängsten befreit – von der Angst vor den Göttern und ihrem Zorn und von der Angst vor dem Tod.

Der Garten Epikurs und die Burg der Stoa

Um systematischer zu werden: Seit ca. 300 v. Chr. gab es in Athen vier Philosophenschulen, die auf die Sinnfrage des Menschen eine Antwort versprachen. Zunächst die älteren Philosophenschulen: die *Akademie*, die sich zu einer Philosophie der Skepsis (Karneades) entwickelt hatte, und der *Peripatos*, der sich besonders einzelwissenschaftlicher Forschung widmete. Neu hinzu kamen die *Stoá* und die *Schule Epikurs.*

Die beiden neuen Schulen haben ähnliche Vorstellungen vom Ziel eines ethischen Lebens, doch radikal entgegengesetzte Auffassungen, wie dieses Ziel erreicht werden könne. So waren denn auch der „Garten Epikurs" und die „Burg der Stoa" die schärfsten Widersacher und Konkurrenten innerhalb der philosophischen Szene von Athen. Beide Schulen hatten übrigens gemeinsam, daß sie auf naturphilosophische Theorien der Vorsokratiker zurückgriffen. Die Philosophie Epikurs basiert auf der Atomtheorie *Demokrits*, während die Stoa in *Heraklit* einen ihrer geistigen Ahnen hat. Trotz dieses jeweiligen Rekurses auf ältere Naturphilosophen steht die Ethik im Zentrum beider Philosophenschulen. Ihr oberstes Ziel ist die *Glückseligkeit* des Menschen: Sie ist das höchste Gut (lat. „summum bonum"), ihr Besitz garantiert dem Menschen innere Freiheit und Souveränität. Die Epikureer beschreiben diese Freiheit als Unerschütterlichkeit der Seele (griech.: „ataraxía", lat. „tranquillitas animi"), die Stoiker sprechen von der „apátheia", der Freiheit von allen Leidenschaften und seelischen Verwirrungen. Diese „Apathie" der Stoiker wurde als „stoische Ruhe" sprichwörtlich. Gleiches Ziel, aber strenger Gegensatz bei der inhaltlichen Bestimmung. Epikur nennt die *Lust* („hedoné") als Inhalt der Glückseligkeit, die Stoiker bestimmen sie als *Tugend* und Sittlichkeit („areté").

Nun war aber *Epikur* alles andere als ein Philosoph des Genusses und hemmungsloser Lusterfüllung! Die Nachwelt hat ihn fälschlich dazu gemacht, und so mancher hat unter dem Decknamen „Epikur" ein Leben der Ausschweifungen rechtfertigen wollen. Lust ist nach Epikur aber gerade *nicht* als permanente Erfüllung der Begierden, Sinne und Triebe zu verstehen, sondern wird als Abwesenheit von Schmerz und Unlustgefühlen definiert. Aus diesem Freisein von Schmerz usw. gewann der Epikureer seine innere Heiterkeit und Unerschütterlichkeit, wie sie Epikur selbst vorbildlich vorgelebt hatte. Der Epikureer widmete deshalb sein Leben im Kreise gleichgesinnter Freunde der Vervollkommnung – ganz wie der „Meister", der um 306 v. Chr. seine Schule im

„Garten" – fern vom Getriebe der Welt – gründete. Der Wahlspruch des Epikureers war „láthe biósas" – „Lebe im Verborgenen" –, halte dich fern von der Politik und ihren Widerwärtigkeiten. Die Verwirklichung der eigenen Glückseligkeit geht also vor dem gesellschaftlich-politischen Engagement. Diese Auffassung spiegelt und dokumentiert die Entwicklung der griechischen Polis zu politischer Ohnmacht und Bedeutungslosigkeit.

Die *Stoiker* verstanden sich als Glieder der einen Menschheit. *Weltbürger* wollten sie sein, Kosmopoliten: Die engen staatlichen Grenzen bedeuteten ihnen nichts. Als wahre Heimat betrachteten sie den göttlichen Kosmos. Auch in dieser Auffassung erkennt man das Spiegelbild zeitgenössischer Verhältnisse. Der Kosmopolitismus der Stoa entsprach dem universalen Reich Alexanders und der weltweiten Kultur der griechischen Koiné (Gemeinsprache). Auch die Herkunft der Stoiker aus allen Teilen des Alexanderreichs und der Diadochenstaaten belegt das (während Epikur Sohn eines attischen Kolonisten auf Samos war). Trotz ihres kosmopolitischen Geistes stellt die Stoa (besonders seit ihrer mittleren Periode) ihre Anhänger gleichwohl in den Dienst der staatlichen Gemeinschaft. Gerade in der römischen Führungsschicht gewann sie deshalb eine große Zahl hervorragender Vertreter, die ihre ethische Pflicht im Dienste staatlicher Ordnung erfüllten.

Zenon von Kition (auf Zypern) hatte ungefähr gleichzeitig mit Epikur seine Schule eröffnet; er versammelte seine Schüler in der „stoá poikíle", einer öffentlichen Halle (stoá), die ihren Beinamen „die Bunte" nach berühmten Gemälden *Polygnots* trug. Wie Akademie und Lykeion (Peripatos) erhielt also auch Zenons Schule ihren Namen vom Versammlungsort; nur die Schule Epikurs machte eine bezeichnende Ausnahme.

Nach stoischer Auffassung ist es das Ziel des philosophischen Lebens, im Einklang mit dem Weltgesetz und Weltgeist („lógos") zu stehen. Am göttlichen Geist hat der Mensch kraft seines „göttlichen Funkens" (der Seele) Anteil. Natur- und vernunftgemäßes Leben des Menschen besteht in der Verwirklichung der gottgegebenen Vernunft, die sich im Besitz der Sittlichkeit vollendet. Die Güter dieser Welt (Glück, Ehre, Ruhm, Reichtum usw.) sind belanglos und gleichgültig; sie können den Besitz der Glückseligkeit weder fördern noch hindern. Der Stoiker nennt daher alle diese weltlichen Güter „adiáphora", d. h. indifferente und wertneutrale Dinge.

Die rigorose Ethik der älteren Stoa verleugnet nicht ihre Herkunft aus der kynischen Philosophie eines *Diogenes* (des Philosophen in der Tonne): Ein Mensch ist entweder weise und damit im Besitz der Sittlichkeit und Glückseligkeit, oder er ist ein Tor, der sittliche Größe und Glückserfüllung verfehlt hat. Erst der Philosoph *Panaitios* (lat. Panaetius) entwickelte im 2. Jh. v. Chr. die stoische Ethik zu einem System, das auch dem durchschnittlichen Wahrheitssucher, dem strebenden und sich moralisch bemühenden Menschen, einen Platz einräumte. Seine *Pflichtenlehre* sprach all jene

Menschen an, die zwar keine Vollkommenheit erreichen konnten, aber ihr Leben sittlich gut verbringen wollten. Sie verhalf der stoischen Schule zur Vormacht in allen Fragen der Ethik. So hat denn auch die stoische Pflichtenlehre über *Cicero* einen gewaltigen Einfluß auf die europäische Ethik bis hin zu Immanuel *Kant* ausgeübt. Für die *Aufklärer* des 18. Jahrhunderts war Ciceros Werk „De officiis" („Über die Pflichten"), das sich eng an die Pflichtenlehre des Panaitios anschloß, das beste Buch über Moral.

Der Neuplatonismus – Plotin

Bei einem Streifzug durch die Anfänge der europäischen Philosophie bei den Griechen verdient noch ein großes philosophisches System besondere Aufmerksamkeit: der *Neuplatonismus* des *Plotin*, der eine Wiederbelebung der klassischen platonischen Philosophie und ein letztes Sammelbecken der antiken Philosophie darstellt.

Römische Kaiserzeit und Spätantike sind geistesgeschichtlich von philosophischem *Eklektizismus* („eklegein" = auswählen) und religiösem *Synkretismus* (Verschmelzung) geprägt. Charakteristisch für den spätantiken Synkretismus in der Religion ist das Eindringen orientalischer Kulte in das Römische Reich und deren Verschmelzung mit und Angleichung an die überlieferte griechische und römische Religion. Der philosophische Eklektizismus der Zeit nimmt aus dem reichen Schatz des philosophischen Erbes, was für die eigene Weltanschauung passend scheint. So hat Plotin im 3. Jh. n. Chr. die Traditionen des Platonismus, Aristotelismus, Stoizismus, der Mystik und Gnosis zum letzten umfassenden System der antiken Philosophie vereinigt.

Der Begründer des Neuplatonismus entstammte dem oberägyptischen *Lykopolis,* wo er 204 n. Chr. geboren wurde. Er war Schüler des *Ammonios Sakkas* zu Alexandria und nahm unter Kaiser *Gordian* III. am Perserkrieg teil, um die östlichen Philosophien der Perser und Inder kennenzulernen. Als das militärische Unternehmen scheiterte, begab sich Plotin im Gefolge aristokratischer Freunde nach *Rom.* Dort begann er im Jahr 244 n. Chr. mit seiner Lehrtätigkeit. Hoch geachtet in Kreisen der römischen Aristokratie und bei dem Kaiserpaar *Gallienus* (Kaiser 260–268) und *Salonina*, entwickelte Plotin sogar die Absicht, in der Campania eine Philosophenstadt namens Platonopolis zu gründen. Doch der Plan eines neuen Philosophie-Zentrums scheiterte. Plotin starb im Jahr 270 n. Chr. in Minturnae/Campania. Sein Schüler *Porphyrios* veröffentlichte die Schriften Plotins in 6 Enneaden (d. h. Neunergruppen).

In Plotins *Metaphysik* herrscht ein extremer Dualismus von *Geist* und *Materie.* Ausgehend von dem Göttlichen und Absoluten, gliedert sich die *kosmische Ordnung* (pyramidenförmig) in Stufen abnehmender Vollkommenheit. Auf der untersten Stufe ist die Emanation (der Ausfluß) aus dem Göttlichen völlig versiegt, und das Widergöttliche und Böse (bei Plotin identisch mit der Materie) entfalten ihre Macht. Das göttliche Prinzip (Gipfel der kosmischen Pyramide) erhält die Prädikate „unaussprechlich", „völlig transzendent", „über allem Sein und Denken", „völlig in sich eins": der Begriff „höchstes Gut" („summum bonum") gibt es nur annähernd wieder. In platonischer Tradition wird das Göttliche mit dem Licht gleichgesetzt: Wie die Sonne ihre Strahlen aussendet, so ergießt sich aus dem göttlichen Prinzip eine Reihe sogenannter *Emanationen:*

– *Erste Emanation* aus dem Göttlichen ist der Weltgeist („nús"), der die Ideen (bei Plotin die Urbilder der Einzeldinge) enthält.

– *Zweite Emanation* stellen die Weltseele und die Einzelseelen dar. Die Einzelseelen müssen sich verunreinigen und in Verbindung mit Körpern treten; insofern vermitteln sie zwischen dem reinen Reich des Göttlichen und der Materie.

– *Dritte Emanation* ist die Materie, nach Plotin das Nichtseiende, das durch völlige Abwesenheit des Göttlichen gekennzeichnet ist (strenggenommen also auch nicht als Emanation bezeichnet werden dürfte).

Dieser abgestuften Metaphysik und Seinshierarchie entspricht eine umgekehrte Stufenfolge der *Ethik.* Der Mensch soll sich während seines Lebens durch *Askese* und *Katharsis* (Reinigung) von allem Körperlichen und Bösen reinigen und befreien, um auf dem Wege der Läuterung die höheren Seinsstufen zu erreichen. Der Weg der ethischen Läuterung ist zugleich ein Weg der Erkenntnis, der schließlich zum Weltgeist hinaufführt und zum Reich der Ideen. Dort wird es begnadeten Menschen (Plotin soll dazugehört haben) geschenkt, sich in einer ekstatischen Schau mit dem Göttlichen zu vereinigen. Der Weg der Läuterung und Vervollkommnung gipfelt also in der mystischen Vereinigung mit der Gottheit, in der *„unio mystica"*.

Das metaphysisch-ethische System des Plotin hatte in der europäischen Geistesgeschichte weitreichende Wirkungen. Die unmittelbare Tradition des Neuplatonismus erstreckte sich bis zum 6. Jahrhundert (*Boethius*; Schließung der Akademie im Jahr 529). Die gebildeten „Heiden" des spätantiken Imperium Romanum fanden in ihm eine Gegenmacht zum *Christentum*. Erwähnt sei der neuplatonische Kaiser *Julian* (361–363 n. Chr.), den die Kirche wegen seines Abfalls zur heidnischen Philosophie mit dem Beinamen „Apostata" (der Abtrünnling) brandmarkte. Weit über die Antike hinaus wirkte der Neuplatonismus auf die mittelalterliche Philosophie und Mystik, auf orientalisch-arabische Traditionen und stand auch schließlich Pate, als in der italienischen Renaissance der Platonismus wiederentdeckt wurde. In Florenz erstand aufs neue eine „Accademia Platonica": Aus der Begegnung des griechischen Philosophen *Gemistos Plethon* mit *Cosimo Medici* resultierte „eine zweite und höhere Neugeburt des

Altertums“ (J. *Burckhardt*) in der platonischen Akademie um *Marsilio Ficino*.

Die Philosophie des Hellenismus und des Römischen Reichs stellte die Ethik in den Vordergrund der Betrachtung. Ziel der Philosophie war das glückselige Leben, bei dessen Verwirklichung die verschiedenen Philosophenschulen (vor allem die Stoa und die Schule Epikurs) unterschiedliche Wege empfahlen. Von besonderer Bedeutung für die Geschichte der Ethik ist die Stoa, die die Glückseligkeit als sittlich gutes Leben definiert und den Begriff der Pflicht einführt. Der Neuplatonismus war das letzte große Sammelbecken der griechischen Philosophie; auf der Grundlage der neuplatonischen Metaphysik und Ethik wurde die gesamte philosophische Tradition harmonisiert.

Epilog – „Die Schule von Athen"

Wir verlassen das Labyrinth der Philosophen! Verweilen wir noch kurz in einem anderen ehrwürdigen Gebäude der europäischen Tradition, um mit einem Ausblick auf die Wiedergeburt der antiken Philosophie in Humanismus und Renaissance die Summe zu ziehen.

In den *Stanzen* des Vatikans zeigt *Raffael* in seiner *„Schule von Athen"* in vollendeter Bildersprache, wie der europäische Renaissance-Humanismus die antike Philosophie aufgriff und begriff. „Die Schule von Athen" gehört zu einem Gemäldezyklus, in dem das Programm eines christlichen Humanismus, der in neuplatonischer Tradition die verschiedenen Richtungen der antiken Philosophie vereinigt, vor den Augen des Betrachters entwickelt wird.

Den vier Elementen der vorsokratischen Naturphilosophie sind allegorische Darstellungen zugeordnet: Erde – Gerechtigkeit (und Staatskunst), Wasser – Philosophie, Luft – Poesie, Feuer – Theologie. Die Darstellung der Philosophie in der „Schule von Athen" ist eine Synopse (Zusammenschau) der bisherigen Philosophiegeschichte. Im Zentrum des Raumes, der sich über den Philosophengestalten wölbt (der Raum ist vielleicht von *Bramantes* Idealentwurf für St. Peter inspiriert), stehen die Geistesfürsten *Platon* und *Aristoteles*.

Nicht weit entfernt von ihnen erblickt man die Repräsentanten der *Sieben Freien Künste* („septem artes liberales"). Diese Zuordnung besagt: Wer in den Sieben Freien Künsten unterwiesen ist, kann sich – gleich dem jungen Mann im Zentrum – der eigentlichen Philosophie zuwenden und die Stufen der Erkenntnis hinaufsteigen. Daß es auf Raffaels Gemälde vier Stufen sind, deutet auf die vier Stadien des Erkennens in platonisch-neuplatonischer Tradition hin. Über diese vier Stufen wird der Philosophierende zu Platon und Aristoteles gewiesen. *Aristoteles* (die „Ethik" in der Hand) scheint auf die reale Welt hinzuweisen, wohingegen *Platon* (mit einem Exemplar seines „Timaios") auf das Absolute nach oben zeigt. Symbolisch scheint damit die Philosophie über sich hinauszuweisen: Ist der Mensch wirklich das Maß der Erkenntnis?

„Wir sehen jetzt durch einen Spiegel in einem dunklen Wort; dann aber von Angesicht zu Angesicht." (1. Kor. 13, 12)

Weiterführende Literatur

Zur Vertiefung des Themas empfiehlt der Autor aus der Fülle der einschlägigen Literatur folgende Bücher, die zum Teil als Quelle benutzt wurden:

Allgemeine Literatur:

Bengtson, Hermann: Griechische Geschichte, München 1965 ff.

Diogenes Laertius: Leben und Meinungen berühmter Philosophen, Hamburg 1967

Held, Klaus: Treffpunkt Platon. Philosophischer Reiseführer durch die Länder des Mittelmeers, Stuttgart 1990

Jaspers, Karl: Einführung in die Philosophie, München 1961 ff.

Röd, Wolfgang: Die Philosophie der Antike 1: Von Thales bis Demokrit, München 1976

Störing, H. J.: Kleine Weltgeschichte der Philosophie, Frankfurt am Main 1969

Weischedel, W.: Die philosophische Hintertreppe, München 1974

Zeller, Eduard: Grundriß der Geschichte der griechischen Philosophie

Ziegler, K., und Sontheimer, W.: Der Kleine Pauly. Lexikon der Antike, Stuttgart 1964 ff.

Literatur zu einzelnen Philosophen:

Aristoteles: Hauptwerke (Kröner Taschenbücher 129), rowohlts monographien 63, Reinbek 1961

Platon: Hauptwerke (Kröner Taschenbücher 69), Sämtliche Werke, Rowohlt, Reinbek 1957 ff., rowohlts monographien 128, Reinbek 1969

Pythagoras: *Jamblichos:* Pythagoras, Zürich 1963

Sokrates: rowohlts bildmonographien 128, Reinbek 1967

Stoa: *Max Pohlenz:* Die Stoa, Göttingen 1970 ff.

Vorsokratiker: *Diels-Kranz:* Die Fragmente der Vorsokratiker, Dublin/Zürich, I. Band: 1968, II. Band: 1966, *W. Capelle:* Die Vorsokratiker (Kröner Taschenbücher 119)

Bisher erschienen

Baumgart · Aids
Boigner · Kommunikation
Boerner · Hypnose und Suggestion
Cyrus · Die Indianer Nordamerikas
Ellinger · Buddhismus
Ellinger · Hinduismus
Gauß/Hartinger · Marxismus
Giese · Die Freimaurer
Greve · Bundesrepublik Deutschland
Guttmann · Lernen
Harsieber · Das neue Weltbild
Hindler · Deutsche Philosophie
Huber · Menschen „machen"
In der Maur · Die Französische Revolution
In der Maur · Liberalismus
In der Maur · Nationalismus
Kilb · Griechische Philosophie
Koffler · Verpackung
Körber · Die Jagd
Lindner · Geheimbünde Europas
Lindner · Aberglaube
Lo Bello · Der Vatikan
Lukschanderl · Der Wald
Lukschanderl · Wasser
Machatschke · Raumfahrt
Machatschke · Islam
Mazakarini · Mozart
Meysels · Nationalsozialismus
Meysels · Israel
Mitterbauer · Verhaltensforschung
Opletal · China
Pauli · Sowjetunion
Pelinka · Sozialdemokratie in Österreich
Penninger · (Nord-)Irland
Penninger · Indien
Pohanka · Erotik
Rothmayer · Kybernetik
Simonitsch/R. Sterk · Österreich und die EG
H. Sterk · Biedermeier
Sterzinger · Das Wetter
Sterzinger · Fliegen
Stiegnitz · Judentum
Stiegnitz · Sekten und Freikirchen
Strohal · Die Erste Republik
Strohal · Erster Weltkrieg
Strohal · Zweiter Weltkrieg
Swietly · Versicherung
Thürmer · Deutsche Demokratische Republik
Treffer · USA
Wanschura · Astrologie
Wanschura · Psychotherapie
Weiss · Östliches und westliches Denken
Weiss · Fremde im Land
Worm · Gentechnik
Zechmeister · Künstliche Intelligenz
Zettel · Geheimnis der Zahl

In Vorbereitung sind die Themen:
Geld · Logik · Papier
Immunologie · Industrie